歴史文化ライブラリー
467

古代の神社と神職
神をまつる人びと

加瀬直弥

吉川弘文館

目　次

多様なる古代の神社と共通する神職の姿勢——プロローグ

牛馬を殺す神職

皇極《こうぎょく》天皇元年（六四二）は深刻な日照りの起きた年である。この時、朝廷に仕える者たちは、次のような話をしていた（『日本書紀』）。

「村々の祝部《はふりべ》の教えに従って、あるいは牛馬を殺して諸社の神をまつり、あるいは頻繁に市を移し、あるいは川の神に祈ったが、まったく効き目がなかった」

日照りを克服するため、神社では祝部という神職が指導して、牛馬を殺してまつりをしていたというのである。

牛を殺すまつりは、日本では、漢神《からかみ》という大陸の神に対して行っていた（『日本霊異記』）。ただ、古代朝廷で行っていたまつりでは、牛馬の肉を神に供えるものは確かめられない。

牛や馬などの皮を供えるまつりはあるが（『延喜式』）、それらはいずれも、外部から化け物などが侵入するのを避ける目的があったと考えられる。朝廷のまつりを担う氏族に伝わった伝承でも、牛の肉は蝗《いなご》よけの際に用いているぐらいである（『古語拾遺』）。牛馬を殺すまつりは、朝廷では違和感をもって受け止められていたのであろう。

渡来人のまつり

では、そうしたまつりは神社の現場からどう評価されていたのであろうか。実は、古代の神社では、外来の方法をとり入れてまつりを行い得たのである。

外来の方法で神をまつった可能性は、『播磨国風土記《はりまのくにふどき》』に収められた伝承からうかがえる。同書は地方の実情を記したいわゆる報告書で、まとめたのは、和銅六年（七一三）の元明《げんめい》天皇の命を受けた、播磨国（兵庫県）の国司と考えられる。この中には、地名の由来を解説する目的などで、地域の伝承も収められている。伝承は事実の描写ではないが、少なくとも、奈良時代初めごろの人々の神の捉え方はうかがえる。

この『播磨国風土記』の伝承で注目されるのが、揖保《いいぼ》郡佐比《さひ》岡（太子町）のものである。その内容は次に示す通りである。

出雲之大神《いずものおおかみ》が神尾《かみお》山にいる。この神は、出雲国の人でここを通過すれば、一〇人なら

図１　佐比岡の伝承地（兵庫県）

五人を、五人なら三人を留めた。そのため出雲国の人たちは、刀を作って佐比岡でまつったところ、結局落ち着こうとはしなかった。その理由は、男神《おのかみ》が先に来て、女神《めのかみ》が後に来たのだが、この男神は留まることができなかったので、去って行ってしまった。そのため、女神は恨み怒っていたのだ。そうした後、河内国茨《まむ》田《た》郡枚方里《ひらかたのさと》の漢人《からひと》がやってきて、この山のあたりに住んで敬いまつり、少し落ち着かせ鎮めることができた。この神がいるので名を神尾山といい、また、刀を作ってまつったところを佐比岡と名付けている。

この伝承では出雲之大神と称する女神を、災いをもたらす神と位置付けている。具体的にしたことは、人を「留めた」と表現されている。だが、『播磨国風土記』の別の話で、神尾山の神は通過する人を殺している。災いは軽いいたずらなどではなく、生命に関わる危害である。しかも、その原因からすると、神は人の行いとは無関係に災いをもたらす存在だと考えられていたことが分かる。「人によいことをしてくれる」だけでも、「人が悪いことをすると罰を下す」だけでもない。これが古代の人々の神への認識であった。

この神に対してまつりを行ったとされるのが、出雲国（島根県）の人と、河内国枚方里（大阪府枚方市）の漢人―大陸にゆかりある渡来人―である。結果からすれば、前者は失敗し、後者は成功したとされている。直接被害を受けたのは出雲国の人なので、本来彼らのまつりで解決すべき問題ともいえる。そうした中での、「神の怨み怒りを漢人が鎮めた」という筋書きは、渡来人のまつりの行い方が、神によっては有効だと理解されていた事実の反映と見るべきであろう。

まつりの方式の多様性

皇極天皇元年の牛馬を殺す神社のまつりは、日照りに直面した状況下で、わらにもすがる気持ちで行っただけかもしれない。だが、神社でそうしたまつりが行えたという事実は重要である。やり方などよりも、「神に願いを聞き入れてもらいたい」という本質的な問題の方が、当時の神社にとっては重要だった。よいことにせよ悪いことにせよ、その原因を突き止めるのは簡単ではない。一つの原因が分かっても、その原因をめぐる謎も新たに生じ得る。現代でもコントロールする技術の確立されていない気象や地震のことを考えれば、この理屈は納得できるだろう。そうした未知のできごとを神の力の表れと見た古代の人々は、よい結果を得るため、さまざまな方式のまつりを神社で試行錯誤していたのであろう。そうした神社のあり方が普通だったことは、牛馬を殺すまつりに違和感を持ったとしても、そのまつりを禁じなかった当時の朝廷の姿勢からもうかがえる。

現代、全国ほとんどの神社のまつりには、詳細かつ厳格な決まりがある。まつりの次第、供える品、神への祈願の言葉から、礼の角度、物の持ち方、足の運び方といったところまで基準がある。古代の朝廷は、細かい点を制度化しなかったばかりか、まつりの方式そのものに制約を加えることはまれであった。神社のまつりは、現場主義だったのである。

ただ、牛馬を殺すまつりが古代神社のまつりの基本と考えることもできない。牛馬の肉を供えることのない、朝廷によるまつりのやり方も、同じ時期には各地に伝わっていたと考えられる。事実、養老四年（七二〇）完成の歴史書『日本書紀』や、播磨国のものを含む諸国の『風土記』には、天皇や皇族が各地でまつりを行ったとする伝承がいくらか収められている。そうしたまつりの形もまた、地域に伝わっていたと考えられる。

さらに、平安時代になると朝廷は、牛を殺す漢神のまつりを禁止した（『続日本紀』）。直接的な理由は、⑴農耕の助けとなる牛の損失を防ぐため、⑵殺害に伴う周囲の環境悪化を避けたため、⑶生き物を殺すことを禁ずる仏教の戒律を守ったため、といったところが想定される。朝廷は、時代によってまつりに対する考え方を変えてきた。そして、それはしばしば、神社に影響を及ぼした。だから、牛馬を殺すまつりは、現代の神社に伝わっていないのであろう。

皇極天皇元年の日照りの結末について一応触れておく。この後、時の権力者蘇我蝦夷《そがのえみし》が仏教行事をして対処するも失敗する。結局、天皇自ら天に祈願をした時に大雨が降り、人々は天皇の徳を称えたという。朝廷による歴史書である『日本書紀』が、この一件で示したかったのは、この時の天皇が優れた統治者だったという点である。

外来の神

ここまでの話は、古代の神社のまつりのやり方についての説明である。では、人々はどのような神に対し、それぞれの実情にあわせたまつりをしていたのだろうか。

佐比岡の伝承に出てくる出雲之大神は、『播磨国風土記』の別の伝承で出雲御蔭大神《いずものみかげのおおかみ》とされている。「出雲」の名を冠するので、当地にゆかりのある神であろう。天御影命《あめのみかげのみこと》という神（『新撰姓氏録』）とも名が似ている。この神の親は天津彦根命《あまつひこねのみこと》とされ、『日本書紀』、そして、現代に伝わる最古の歴史書『古事記』のなかの、神々の時代の叙述で登場する。いずれにせよ渡来人のまつりを受けたとされた神は、日本に根差した神である可能性が高い。

ただ、神社ではそうした神だけをまつっていたわけではない。朝鮮半島の新羅から渡来した神の伝承は、『古事記』にも『日本書紀』にも収められている。神に出身地は関係なかったのである。渡来人の神社も存在しており（『古語拾遺』）、そこでは彼らが元来まつってきた、つまり日本から見たら外来の神をまつっていたのであろう。

神の由来を問わない考え方は、仏に対する見方にも影響を及ぼしている。『日本書紀』には、欽明《きんめい》天皇の在位中（五三九～七一）のこととして、天皇のもとに百済の王から仏像が送られてきたさいに、臣下が交わしたとされるやりとりが記されている。そこでは仏を「蕃神《となりのくにのかみ》」と表現している。古代の人びとが考える神とは、現代よりも多様であった。

神の姿も人と同じだとは限らない。そのことをよく示しているのが、『常陸国《ひたちのくに》風土記《ふどき》』の行方《なめかた》郡の部に収められた、夜刀神《やとのかみ》の伝承である。

夜刀神の姿

夜刀神の伝承は古老によるとされる。つまり、行方郡の地元に伝わる昔話だということである。話の舞台は郡の西、もともと葦の原になっていた谷である。この葦原とされる場所（行方市）の周辺は、川の流れに沿った小高い丘に挟まれ、その川の水はほどなく霞ヶ浦に流れ込む、といったような場所で、まさに谷に他ならない。ちなみに、こういった谷を関東地方では「やと」「やつ」ということがある。この地にいた夜刀神とは、文字通り谷の神という意味に通じようか。もっとも、伝承では「夜刀」の語源にまでは触れていない。

伝承の時代は継体《けいたい》天皇の在位中（五〇七～三一）とされている。伝承のはじまりでは、次のように話が展開する。

> 箭括《やはずの》麻多智《またち》という人物が、郡役所の西の谷の葦原を切り開き、朝廷に新たに開墾した田を献上した。この時、夜刀神が群れの仲間を悉く率いて、傍らで妨害し、耕作をさせなかった。

この夜刀神について、『常陸国風土記』は次のように説明している。

図2　葦原の伝承地（茨城県）

　土地の話では、「蛇を夜刀神という。その姿は蛇の体で、角があるのが率いる。難を逃れる時に見る人がいれば、家は滅び子孫も断絶する」という。

土地の人々ははっきりと、夜刀神を蛇だとしている。ただ、蛇を神と見ていたのは、行方郡の人々だけではなかったようである。『古事記』や『日本書紀』にも、蛇の姿をした神が登場する。大和国大神《おおみわ》神社（奈良県桜井市）の大物主神《おおものぬしのかみ》がその神で、人にも蛇にもなれたとされる。

　古代の人々がまつりをする際、特に注意していたのは、神の姿かたちや地位ではなく、その力の発揮のされ方であった。同じ神でありながら、荒々しい力のはたらきを象徴する荒魂《あらみたま》を、和魂《にきみたま》と別々にまつることもあった。伝承では、角があるという、蛇の変わった頭に触れているので、神にふさわしい容姿があるとは、ある程度考えられてはいたのだろう。だが、夜刀神を蛇だといい切ってしまう背景には、神の力が大事で、その恰好などは二の次だったという、古代の人々の意識があったと考えられる。そうした意識については江戸時代から指摘されているが（『古事記伝』）、大体的を射ていよう。

神を慮る神職

さて、こうした神をまつるのが神職である。先ほど、まつりの方法は多様だとしたが、まつる時に持つ姿勢には多くに共通する点がある。引き続き、夜刀神の伝承を紹介していきたい。『常陸国風土記』は、妨害を受けた麻多智の姿を、次のように示している。

麻多智は大変な怒りを覚え、鎧を着け、自ら戈をとり、打ち殺し駆逐した。そして、山の入り口にきて、標識となる杖を境の堀に立て、夜刀神に告げた。

「ここより上は神の地とするのを許す。ここより下は人の地とする」

神を撃退し、神の領域を一方的に決める麻多智の姿は勇ましい。だが、彼は言葉をこう続けた。

「今後、私は神の祝《はふり》として、末永くまつりをする。どうか怨まないで欲しい。どうか祟《たた》らないで欲しい」

こういった麻多智は神社を作って、はじめてまつりをしたという。麻多智の言葉は意外かもしれない。いわば勝者であるにもかかわらず、「子孫を繁栄させろ」、「財産持ちにさせろ」といった、人本位の要求をしていない。彼は自らが追い払った夜刀神の心中を慮《おもんぱか》り、神が憎い思いや、災いを起こそうとする気持ちを持たないよう願ったのである。神本位の対応は、出雲之大神の伝承からも読み取れる。出雲国の人も漢人も、神を和めるためのまつりをしている。やはり、人がどうのこうのではない。古代の人々に共通するのは、神を慮る姿勢である。

麻多智は神社を作り、祝という名の神職になると神に宣言した。その宣言は、神社の神職でも神を慮る姿勢が求められていたことを示している。神職と聞いて、大方は人の願いの実現を神に求める役目と考えるであろう。それは古代も同じである。だが、まつりの伝承は神に対する配慮に力点を置く。慮りの姿勢が神職の基軸にあったのは確かである。

神を慮る姿勢は、古代の朝廷も持っていた。それは、まつりの時に読まれる祝詞《のりと》から明らかである。祝詞では、神社などの神に対して、「称辞竟奉」という表現をよく用いている（『延喜式』）。これは「称《たた》え辞《ごと》竟《お》え奉《まつ》る」と読み、「神を言葉で称え尽くし申し上げる」

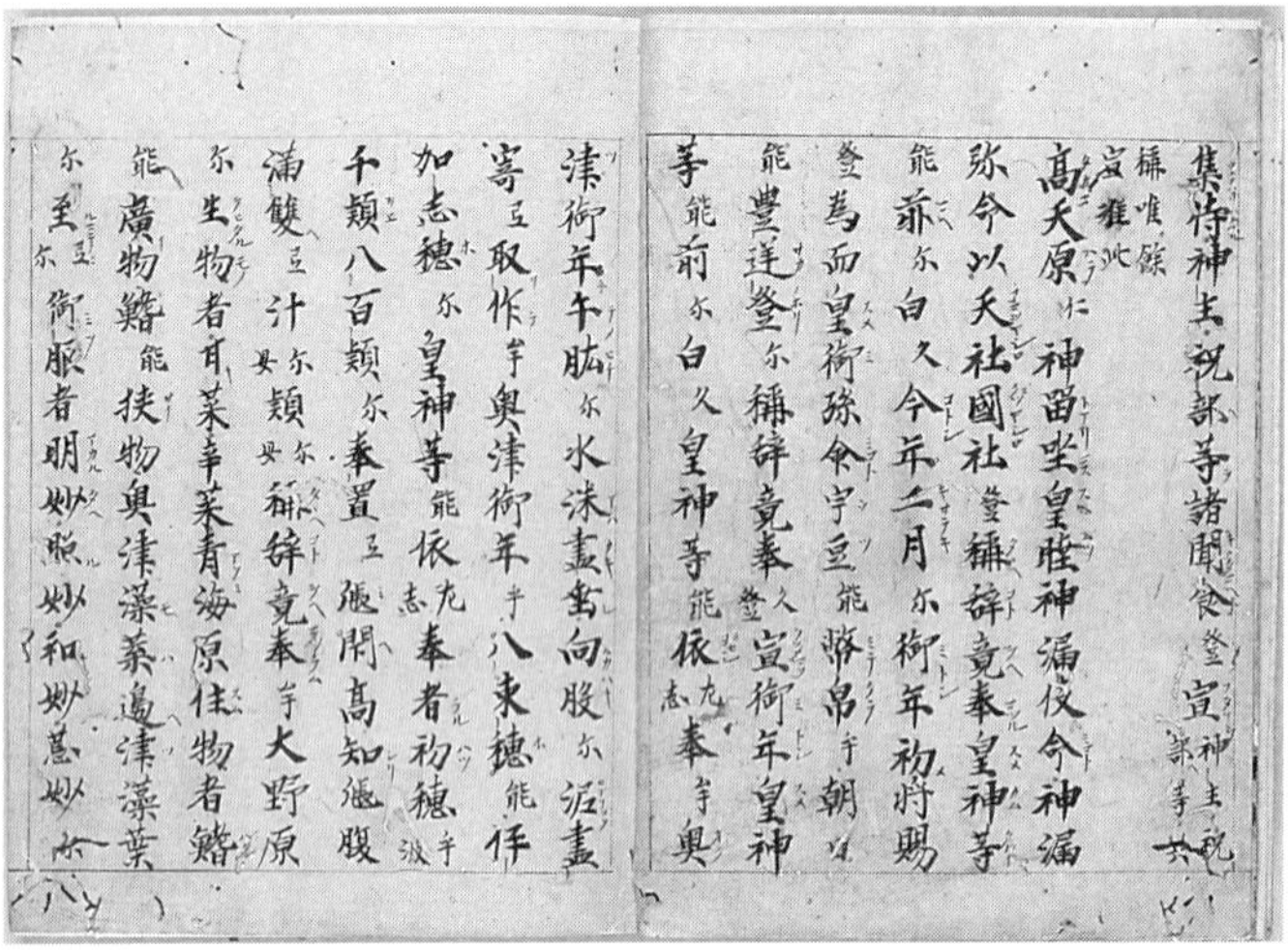

集侍神主祝部等諸聞食登宣 神主祝部等共
稱唯 餘宣准此
高天原尓神留坐皇睦神漏伎命神漏
弥命以天社國社登稱辭竟奉皇神等
能前尓白久今年二月尓御年初將賜
登爲而皇御孫命宇豆能幣帛乎朝日
能豐逆登尓稱辭竟奉久宣御年皇神
等能前尓白久皇神等能依志奉牟奥

津御年乎手肱尓水沫畫垂向股尓泥畫
寄弖取作牟奥津御年乎八束穗能伊
加志穗尓皇神等能依志奉者初穗乎波
千穎八百穎尓奉置弖瓺閉高知瓺腹
滿雙弖汁尓母穎尓母稱辭竟奉牟大野原
尓生物者甘菜辛菜青海原住物者鰭
能廣物鰭能狹物奥津藻菜邊津藻菜
尓至萬弖尓御服者明妙照妙和妙荒妙尓

図３　『延喜式』巻８（國學院大學図書館蔵）

という意味になる。称えることもまた、神を慮る姿勢の表れといえようが、特筆すべきは、神に品を供える、あるいは、まつりそのものを示す時にも、この表現が用いられている点である。神を称えることがまつりの核心と考えられていた結果であろう。

実は、現代の多くの神社でも、神に対して読まれる祝詞には、神の徳を称えたり、神への感謝の言葉を盛り込むようにしたりしている。一方的に人の健康や繁栄などを願うだけではない。神を慮る姿勢はなお意識されている。

先ほど触れた未知のできごとの話と関連するが、古代の人々は、自然災害などの脅威の背後に神の存在を見ていた。つまり、神を慮る姿勢とは、脅威そのものに目を向け、対策を立てる営みにも通ずる。神をまつるとは、神に自らの行く末を委ねるだけではなく、自らも脅威に向き合うことだといえよう。

本書の構成

本書は二部構成をとる。まずは神社をとりあげる。その立地や境内《けいだい》―敷地内―に焦点を合わせ、そこから分かる神社の重要性を明らかにする。ここでは特に、境内に作られる社殿に注目しながら話を進めていく。

二つ目は神職についてである。古代はさまざまな種類の神職が神社に関わっているが、その中でもつとめがはっきりしているものをとり上げ、その内容と、立場の変化を説明する。そして、立場の変化によって何が変わったか明らかにしていきたい。

古代神社の立地と社殿の役割

山の神社の立地

神社は山のどこにあるのか

『常陸国風土記』によれば、麻多智《またち》が開墾した谷は人の領域が定まっており、その境界は山の入り口だとされている。つまり、境界の外の夜刀《やとの》神《かみ》は山の神としてまつられることになったのである。山の入り口、つまり山麓に神社を作ったとされた理由は、夜刀神のもたらす災いを考えれば難しくない。神を見ただけで一家断絶になる以上、神の領域とされた山の中は危険地帯そのものである。神社を山の中腹や山頂に作って危険を冒す必要はあるまい。神社の立地に触れる麻多智の言葉の背景には、「山は神の存在により立ち入りが憚られるところ」という認識があったのだろう。

古代、夜刀神に限らず、さまざまな山に神がいるとされていた。だが、山の神社の場所はどこでも同じだったのだろうか。この点について、『出雲国《いずものくに》風土記《ふどき》』を手がかりに明らかにしたい。同書が作られるきっかけは、播磨国や常陸国などのものと同じだが、山の神社の立地については、他の『風土記』より具体的に記している。神社の立地を確かめるには適していよう。

『出雲国風土記』に見る山の神社の位置については、【表1】に整理した通りである。なお、野については、同書で山と同様に扱っていること、野が起伏のある場所をさす場合があるので、参考までに載せた。また、社でなく、神ないし御魂とされているものも表には含めている。

整理に基づくと、神社は山の下—山麓—にも山の上頭や峰—山の高所—にもあるということになる。ただ、秋鹿《あいか》郡の佐太大神社《さたのおおかみのやしろ》（佐太神社　松江市）

表1　『出雲国風土記』の山の神社とその場所

郡	山	神　　社	場　所
意宇郡	熊野山	熊野大神之社	（記載なし）
秋鹿郡	神名火山 安心高野	佐太大神社 神社	山　下 上　頭
楯縫郡	神名樋山	（石神） （小石神）	嵬 往　側
出雲郡	神名火山 出雲御崎山	伎比佐加美高日子命社 所造天下大神之社	山　嶺 西　下
飯石郡	琴引山	（石神）	山　峰
仁多郡	玉峰山 （菅火野）	玉上神 神　社	山　嶺 峰
大原郡	高麻山	（青幡佐草壮丁命・御魂）	山　嶺

や、出雲《いずも》郡の所造天下大神之社《あまのしたつくらししおおかみのやしろ》—杵築《きつき》大社のこと—（出雲大社《いづもおおやしろ》　出雲市）のように、「大神」と呼ばれ、朝廷でも重視されていた神社が山麓、それ以外の神社が山の高所という分類が一応できる。

山麓の神社については、場所が定まった理由を想定できる。朝廷に重視されるような神社は、その組織力や経済力などを活かし、より大きく立派な施設を作っていたのであろう。特に杵築大社は、後でも触れるが、大きな建物を作るよう定められていたので、山麓に作られるのは必然であろう。ただ、朝廷の関わりが相対的に薄い神社はどうであろうか。出雲国にはないが、他国の事例はすでに紹介した。夜刀神の神社である。『常陸国風土記』に社名を残していないこの神社の場所は、山の入り口である。要するに、神社の格や朝廷との関わりは、場所確定の決め手にはならないのである。

山麓の神社のまつり

では、場を確定させる要因は他にあったのだろうか。人が関わる形で神社の場が確定していく伝承は、『播磨国風土記』にある。場所は伊勢《いせ》野（姫路市）と呼ばれる地で、地名の由来を説明するために載せられている。そのあらすじは次のようなものである。

この野の人の家々では静穏が得られなかった。そこで、衣縫猪手《きぬぬいのいて》・漢人刀良《あやひとのとら》たちの

図４　伊勢野の伝承地（兵庫県）

祖先は、この地に住もうとして、社を山のふもとに立て、山の峰にいる神の、伊和大《いわのおお》神《かみ》の子、伊勢都比古命《いせつひこのみこと》・伊勢都比売命《いせつひめのみこと》を敬いまつった。これ以降、家々は静穏になり、ついに村落となった。それで伊勢と名付けた。

伊勢野の神社（多賀《たが》八幡《はちまん》神社）の特徴は、神の本来の場である峰に作られていないところにある。こうなった理由ははっきりしない。だが、伊勢都比古命・伊勢都比売命の力を考えるとある程度の見通しは立つ。伝承で二柱《ふたはしら》―神は一柱、二柱と数える―の神は、静穏を実現する力を持つとされている。だがそれは、静穏にさせない力も秘めているということでもある。静穏をつかさどる神との意図せぬ接触と、それに伴う災いを避けるためには、峰に限らず、山全体を神の領域と広く見るのが適切な防御策となろう。そうした意味では、夜刀神と対し方が共通している。

山の高所の神社

それでは、山の高所の神社の伝承からは、どのような神社の姿がうかがい知れるのだろうか。『常陸国風土記』の久慈《くじ》郡の部には、この点を考える上で重要な伝承が収められている。その最終的な舞台は同郡薩都里《さつのさと》（常陸太田市）の東にある賀毘礼高峰《かびれのたかみね》、まつられる神は立速男命《たちはやおのみこと》である。この峰は高鈴山《たかすず》（日立市・常陸太田市）に連なる、岩々があらわになった御岩山《おいわ》と見られる。高鈴山そのものや、これらの山の北の神峰山《かみね》（日立市）ともされるが、ひとまず、伝承の概略について順を追って紹介する。

最初の舞台は峰ではない。松沢—松の生い茂った谷—である。そこの、松の木の枝分かれしていたところに、高天原《たかまのはら》と呼ばれる天上の世界から、立速男命、またの名を速経和気《はやふわけの》命《みこと》が降臨したというのである。この神について、『常陸国風土記』は次のように伝える。

この神の祟りはとても厳しい。人がいて、神に向かって大小便する時に災いを起こし、病気で苦しませた。

一旦解説を加える。さすがに人々は神をおろそかに考えて大小便をしたのではないだろう。人が生活する領域の中で、大小便をする方向が、結果的に神のいる松沢だったと見られる。ともあれ、大小便は人として当然の営みだが、当時でも神の前では避けるべきものと考えられていたようである。大便でまつりの場を汚すことは、『日本書紀』の神話でも無礼とされている。話に戻る。

近所に住んでいる人は、祟が起きるたびにひどく苦しんだので、朝廷に対策を請うた。そして、片岡大連《かたおかのおおむらじ》という人物が現地に遣わされ、立速男命をまつった。まつった人物が古墳時代後期の指導者の肩書きである「大連」を称しているのは、朝廷の高官であることを示唆していよう。また、片岡という氏は、古代から権勢を誇っていた藤原氏と同系とされている（『新撰姓氏録』）。伝承の意図する片岡大連の地位は推測しかできないが、立速男命の祟りの問題が朝廷にとっても重大な事件だという状況を示唆していよう。再び話に戻る。

片岡大連は祈って神に述べた。

「今、ここにいらっしゃるところは、人々が近くに居住して、常に汚らわしいです。当然、いらっしゃるべきではありません。離れて移り、高い山の清浄な場所にとどまられるべきです」

図５　御岩山頂　賀毘礼高峰（茨城県）

この願いを立速男命は聞き入れ、賀毘礼高峰に登った。その社（御岩神社《おいわ》）は石を垣根とし、中に同類がたくさんいる。弓、桙《ほこ》、釜、器ものなども石となり残っている。

高所に対する意識

この後、「峰を飛ぼうとする鳥が、皆急いで避け、峰の上には行かない」という様子を示して伝承は終わる。立速男命への基本的な対応は夜刀神・伊勢野の神の伝承と同じで、人からの距離を取るというものである。近くで展開される人の生理現象がその理由であり、人の生活域に近い松沢から一気に山の峰へと移るので、話としては分かりやすい。だが、今までの伝承では、山の上を含む山全体を神の領域と見なしていた。山の高所の神社だとどう領域を意識していたのだろうか。

その疑問を解く手がかりは片岡大連の発言にある。彼は神の移る場所を、高い山での「浄境《きよきさかい》」、つまり清浄な場所とした。単なる高い山ではない。伝承の流れからいけば、清浄な場所とは人の活動のあとのないところである。移る先の神社も、自然にできた施設があり、神のための品もある。山の高所でも、人との関わりが絶たれた、あるいは絶ち得る場所が神社の適地だと理解されていたと見られる。こうした理解は、『常陸国風土記』の別の伝承からでも確かめることができる。

にぎわう筑波岳

それは、筑波《つくは》郡の筑波岳《つくはのやま》（筑波《つくば》山　つくば市）の話である。この山の記載の特徴は、にぎわい栄える山の状況に重点を置いているところにある。はじまりはそのきっかけを示す伝承からである。

神《み》祖尊《おやのみこと》が、神々のところを巡っていたところ、駿河国の福慈岳《ふじのやま》で日没になったので、そこの神に宿を求めた。この時、福慈神《ふじのかみ》は、

「粟の収穫のまつりをして、家内は物《もの》忌《い》みをしています。今日のところは、お願いしたいのですが、お認めできません」

これに対して、神祖尊は恨み泣いて、ののしった。

「つまりはお前の親だ。どうして泊めようと思わないのか。お前のいる山は、生きている限り、冬も夏も雪が降り、霜が降りて、寒さがしきりに襲い、人は登らず、飲食物を供えることはないだろう」

この後、神祖尊という神はさらに筑波岳に登り、また宿を求めた。この時、筑波神《つくはのかみ》は、次のように答えた。

「今夜は粟の収穫のまつりをしているけれども、あえてご意向を受けないようなことはありません」

そして、飲食を用意して、敬い拝み、つつしみながら奉仕した。これに喜んだ神祖尊は誓いをたてる。

「愛しく思う我が子孫よ。高いかな神の宮は。天と地とが並び、日と月がともにある中で、人々は集まり祝い、飲食は豊かに、代々絶えることなく、日に日にいよいよ栄え、千年万年と遊び楽しむことは尽きないだろう」

『常陸国風土記』はこの誓いの後で、「福慈岳は常に雪が降って登ることができず、筑波岳には人が行き集い、歌い舞い、飲み食いすることが、今に至るまで絶えない」としている。収穫のまつりに専念している時に訪れた自らの祖先にあたる神の願いを断らずにもてなす―朝廷の収穫のまつりである大嘗祭《だいじようさい》や新嘗祭《にいなめさい》に基づけば、もてなした神こそがまつりの真の対象である―。筑波岳のにぎわいは、その神の行いが評価された結果と位置づけられている。『常陸国風土記』では、山に人が訪れる状況を好意的に見ていることが分かる。

今までの他の伝承からだと、人を寄せ付けない富士山の方が理想的にも思われるが、同書ではそう受け止めていない。古代の人々の山への捉え方はさまざまだったようである。

だが、続く山の状況説明には注意すべき点がある。内容は、神祖尊の誓いで、その高さを称えられた山頂の様子についてである。

山頂の雄神

そもそも筑波岳は高く雲より高い。山頂の西の峰は険しく、雄神《おのかみ》といって登らせない。ただ、東の峰は四方がしっかりしていて、登る人は限りない。そのそばの水の流れる泉は冬も夏も絶えない。

ここで注目したいのは西側の峰（男体山）の描写である、険しく登れないこの峰を雄神（筑波山神社《つくばさん》）と呼んでいる。峰に荒々しい男の神の姿をだぶらせたのであろう。人でにぎわう山の中でも、人を寄せ付けないところを神の場と捉える。こうした意識は他の山の神と変わらないものである。

ここまで、古代の山の神社の立地について確かめて見た。立地自体は山の高所と山麓に分かれ、どちらか一方に偏っていない。そして、立地の決め手は神社それぞれの事情によった。ただ、どちらからも「神を隔てる意識」が垣間見られる。意識の根底には神に対する恐れがあるが、それは場所が変わっても同じだったと理解できよう。

田の神社の立地

東大寺開田図の神社

『常陸国風土記』を見る限り、夜刀神《やとのかみ》をまつることには、田を営む際の妨害を防ぐという意味もある。麻多智《またち》が切り開いた谷で、人に対して行った唯一の妨害は、田の耕作に対するものだったからである。夜刀神の神社でのまつりは、田の外で田をつかさどる神への願いを叶える機会といえよう。

ただ、田の神と見られる神社の立地もさまざまである。果たして、田の神をまつる神社の立地、そして、そこに定まった理由は、夜刀神と共通するところがあるのだろうか。その点を考える上で、奈良時代の田の神社の実態を示す東大寺開田図《とうだいじかいでんず》という地図が参考になるので、これから紹介をする。

東大寺開田図に描かれているのは、文字通り、東大寺（奈良県）が奈良時代に設けた荘園の土地利用の状況である。現代に伝わる図が示す荘園は数か国に及ぶが、本書は、その中の越中国（富山県）の図をもとに、田地などと神社との位置関係を確かめる。

現代、越中国の東大寺開田図は一七幅伝わっている。図内に神社と目される記載があるのはそのうち八幅、荘園の数でいうと六か所である。うち四か所は、天平宝字三年（七五九）に立券《りつけん》、つまり、荘園となる土地の範囲を国司が確認した際の図が含まれる。要するに、ほとんどの荘園で、開発直前と、ある程度開発された時点での状況が分かるということである。なお、対象となる開田図のほとんどは正倉院（奈良県）に所蔵されている（それ以外の図の所蔵先はそのつど示す）。

荘園の神社

東大寺開田図の神社の立地は、荘園内もしくは隣接した場所か、荘園から離れたところのいずれかに分かれる。まずは、前者の神社をとり上げる。

計四か所だが、まずは、砺波《となみ》郡である。

杵名蛭荘《きなひるのしよう》（高岡市か）……越中国の他の東大寺荘園の後に立券されたと見られ、天平宝字三年の図はない。神護景雲元年（七六七）の図によると、「在社」と読める記載が三か所あり、そこが神社のあった場所と理解できる。うち二か所の西側は耕作困難な荒田《こうでん》と未開の野で占められている。水路については、西端の石黒川《いしぐろ》、そして、荘域南西端の同川接続部と荘域の北部中ほどを貫き、今示した二か所の神社の間を抜ける速《はや》川がある。また、神社はいずれも荘域の南辺にある。

残りの三か所の荘園は、いずれも射《い》水《みず》郡である。

榠田荘《こてだのしょう》（高岡市か）……荘園の名は「くぼた」と読むという説がある。荘域の西の端に「社幷神田」とある。神田《しんでん》は同所の神社を維持するための田であろう。その周辺は、開墾されているところと野が混在している。水路は周辺にない。また、境界が入り組んでおり、南と西は荘域ではないと考えられ、東側も荘域はわずかである。

須加荘《すかのしょう》（高岡市か）……荘域の中央よりやや南に社がある。円形の領域も描かれているが、周りの田の面積から割り出すと、神社の広さは八〇歩（約二六〇平方《メートル》）で、図ほどは広くない。社より北側は田と野が混在しているが、南側に野はほとんどない。また、社の西をかすめるようにして南北に溝が掘られている。導水路だったと見られる。社の西から南にかけて荘域の内外に「公田」という文字が見られる。立券時、すでに班田された口分田が展開していたと見るのが妥当だろう。なお、神護景雲元年の時点では社の文字がない。だが、神田がある旨、表記されている。神社を省略した可

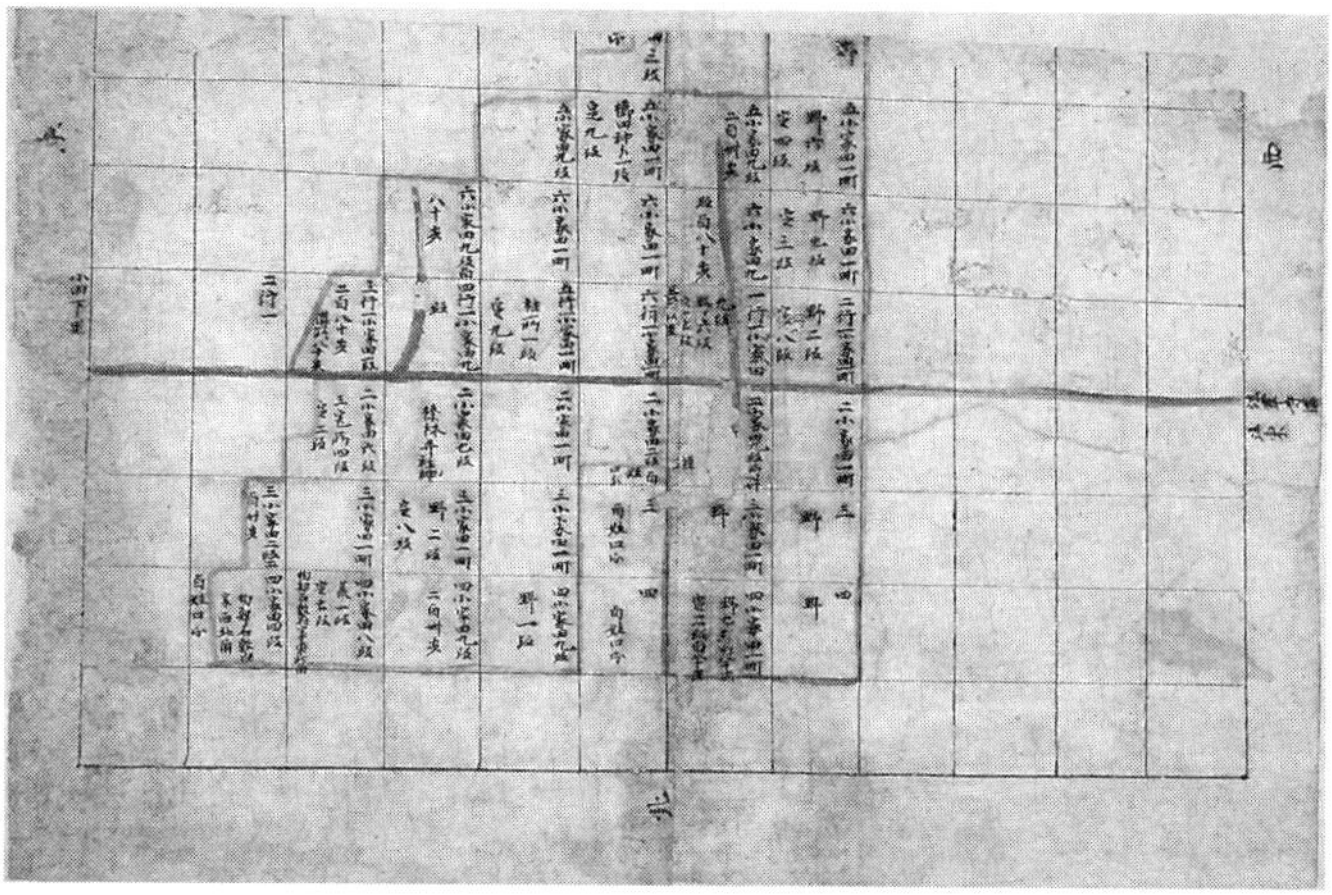

図6　東大寺鹿田荘開田図（奈良国立博物館蔵）

能性は高い。

鹿田荘《かだのしょう》（射水市か）……神護景雲元年の図によると、この荘域の中ほどに、東西に横断する水路がある。このすぐ北に広さ三段（約三五六〇平方メートル）の、おそらくは榛木《はんのき》の林、そして神社があった。なお、この南西の地割の「社所」は神田と見るべきであろう。神社の周辺は全体的によく開発されており、南から神社近くまで二町（約二一八メートル）ほどの水路がある。ただ、水路自体は東西の水路につながり、神社のすぐそばは通らない。もう一点、神社の東側に三宅所《みやけどころ》がある。この地域の支配拠点が神社に隣接していたということである。この荘園については、年代不明の絵図（奈良国立博物館蔵）も伝わっている。開発具合や、荘域における神社の位置関係などは、神護景雲元年の図と大きな違いはない。

続いて、荘域から離れたところの神社である。これらはいずれも新川郡《にいかわ》に所在する。

荘域外の神社

大荊荘《おおやぶのしょう》（立山町か）……天平宝字三年の図の北の境に辛女川《からめ》が流れており、それを挟んだ対岸に鹿墓社《ししつかのやしろ》がある。立券当時、この荘園は「大藪野」と呼ばれ、図にも「田」の文字が記されていない。この時点では、当所での農耕と社との結びつきはなかったであろう。ただ、神護景雲元年の図（奈良国立博物館蔵）だと、地割を示した部分の外の「鹿墓社」という字に道をつないでいる。大荊荘にとってこの社が重要だった実情をうかがわせる。

丈部荘《はせつかべのしょう》（立山町か）……荘域の北西の端から二町北に離れたところに、「庄所三町」と書かれた区画があり、その西に味当社《あじたのやしろ》の名がある。さらに、この区画の北には「味当村古郡所」とも記されている。これらからすると、荘所《しょうしょ》は、土地経営を村、あるいは郡単位で推進する拠点であり、その対象に丈部荘も含まれていた可能性がある。村の名と同じ味当社は、そうした経営に関わるまつりの場であったのだろうが、荘園の田そのものとの関連性は見いだし難い。

ここまで、東大寺領の開田図に見る神社の状況を概説した。大まかに整理すると、神社のある場所は三通りに分類できる。それぞれ説明していきたい。なお、複数の分類にあてはまる神社があることを、あらかじめお断りしておきたい。

未開発地の神社

一通り目として、野か田が荒れている場所があげられる。杵名蛭・椙田・須加の各荘があてはまる。農業に関わるまつりが行われていたと考えることはできよう。この中で、詳細な立地が分かるのは須加荘である。先にも触れたように、開墾し得る野と、開墾した田が展開する荘域—三五町一段二二四歩（約〇・五四平方キロ）。最も長いところで、南北一〇町（約一〇九〇メートル）・東西四町（約四三六メートル）強—のやや南寄りの中央にある。山の存在は確かめられるが荘域の北の外側である。つまり、山の入口に神社が立地する夜刀神とは立地が明らかに違う。となると、開田図に示された神は、何を願っていたと考えるべきだろうか。

広めの話からすると、古代から、小さな共同体単位で、神社で田のまつりを行う営みがあったのは事実である。奈良時代、つまり開田図が作られた当時の朝廷の基本法令であった養老令《ようろうりょう》には、「春時祭田《しゅんじさいでん》」という名の、春に行われる田の神のまつりに関する規定があった。このまつりが、村ごとの神社で人々が集まって行うもので、朝廷が行う農耕のまつりとは別だと解釈されていた（『令集解』）。

もっとも、田に関するまつりとはいっても、願う内容がいろいろ考えられる。神社を舞台にしたものではなく、かつ伝承ではあるが、農作物に食害を与える蝗《いなご》を避けるまつりの方式が伝わっている。その話─「プロローグ」で触れた、牛の肉を用いたまつりの伝承─では、稲の稔りをつかさどる御歳神《みとしのかみ》という神が、田を営んでいた大地主神《おおとこぬしのかみ》に、蝗を追い払う最終手段として、次のようにまつりの方法を教えたとされている（『古語拾遺』）。

牛の肉を溝の口に置いて、男根の形をしたものを作り加えよ。数珠玉《じゅずだま》・山椒・胡桃《くるみ》の葉と塩をその畔に連ねて置け。

ここで注意したいのは牛の肉などではなく、まつりの場である。田の水を出し入れする溝、そして、田を区切る畔でまつりをしている。当然だが穀物を食い荒らす蝗の害は田の中で起きる。伝承は、それに対応するまつりを、田のそばで行う方法があったことを示唆している。このように、田に近い神社では、具体的な願いに応じたまつりが行われていたと見られる。

なお、現代の神社で虫よけの祈願をしたとしても、御歳神が示した品を用意することはまずないであろう。だが、先述の通り、古代の神社では、行うまつりの方法が朝廷によって細かく定められていたわけではないので、御歳神の伝承にあるようなまつりの行われていた可能性は十分想定できる。

湧き水と神社

二通り目は、水との関わりがうかがえる場所である。田を営む上で最も重要な関心事は水であろうから、至極当然といえよう。ただ、実利を追い求めた結果作られた可能性のある神社もあるので、少し詳しく紹介したい。

開田図中の神社と田地の導水との関係についての研究を踏まえると、鹿田荘の神社が水との関係がよく分かる立地である。南から神社めがけて水路が流れている状況は先に説明したが、西側にも同じような南北の水路がある。ただ、こちらは、東西の水路を若干突き抜けている。そして、その北側には、「埖」という字が記されている。これは土でできた小山のような場所を意味すると考えられ、水が湧き出るところとして保全が図られていたと見られる。さらに、水の湧き出す場所の近くには地下水路がある。つまり、その地下水路にあたりを付けて掘り下げれば、本来湧き水が流れるところとは別の場所で水の利用が可能になる。だから、埖めがけて水路を引いているが、それ自体には至っていないのである。したがって、図中の神社も、利水上は埖と同じ位置付けだったと見られる。要するに、

図7　須加荘の推定地（富山県）

神社も湧き水の出るところであり、利水計画の目標でもあったと考えられるのである。

坧があることが確認できる荘園は今一か所ある。須加荘である。神護景雲元年の図の、荘域内の神社があると思しき場所の東西にそれぞれ一つずつある。また、中央の南端には、湧水の水路も示されている。東西の坧と神社を結んだ線のあたりで地勢が変わり、水が湧き出やすくなっていたのだろう。となると、須加荘の神社でも水が湧き出ていた可能性が高い。実際、開田図では、神社の西側をかすめるように溝が描かれている。地下水系を活用しようとした結果と見られる。

敷地内に泉がある神社は、『常陸国風土記』に示されている。農業用ではないが、行方郡の県祇《あがたのかみ》の社（国神《くにがみ》神社　行方市）の中には大井という清水があり、郡役所に関わる男女が集まり、飲んだり汲んだりしたとある。水が湧き出る力が神によるものと考えていた。さらに、田に水を引く力も、神は持っていたと考えられていた。『播磨国風土記』には、実際にそうした力を持った神も登場する。揖保郡を流れる美奈志《みなし》川（たつの市）の水争いを夫の神とし、最後は地下を通す管を使って、意図した泉《いずみ》村の田の近くに流したとされる石龍《いわたつ》比売命《ひめのみこと》である。人々は、水路を作るなど、自らの手でできることはしても、水の恵みを神の力と考え、田の水が良好な形で利用できるよう願っていたのだろう。開田図の神社は、そうした願いの場にふさわしい。

豊作を願う水の神

そして、水に関わる神には、さらに一歩踏み込んで、豊作を求めることを求めていた。立地は開田図の神社とは違うが、水に関わる神は朝廷の農耕のまつりの対象にもなっていた。水分神《みくまりのかみ》の神社がそうである。その名には水を配るという意味が込められており、現代この神をまつる神社の立地から勘案すると、山中でまつられる神と見られる。古代の大和国（奈良県）の場合は四社あり、いずれも、奈良時代まで朝廷の拠点であった大和盆地と、その外側とに水を配る神として位置づけられていたのであろう。この神に対してどのような願いを籠めていたかについては、『延喜式』に収められた、朝廷の祈年祭《きねんさい》というまつりの祝詞によってうかがえる。その祝詞では、水分神に対するまつりの目的を、水のことではなく、稲の稔りのためとしている。立地上は直接田に接しない水分神だけに、最終目的だけを明示したのだろうが、開田図の水路近くの神でも、つまるところは同じ力の発揮が期待されていたと考えるのが自然であろう。

だが、ここで気になるのは、神社と垳の違いである。利水上は同じなのに、なぜ片方が神社となり、片方が土くれ扱いされてしまったのだろうか。須加荘の垳の場合、後にできた神護景雲元年の絵図にのみ描かれているので、神社のある場所だけが古くから特別扱いされていたと容易に推測できるが、鹿田荘の場合は神社と垳の成立時期の比較はできない。実は、こちらの神社は、三通り目として紹介する場所に所在するともいえるのである。

人の活動域に接した神社

その三通り目は、荘園管理・地域行政上の関連性を持つ場所である。鹿田荘や丈部荘の場合、神社は荘所もしくは三宅所に神社に隣接したところにある。こうした神社は、田の耕作に権限を持つ組織のまつりの場となったであろう。鹿田荘の場合、利水に関係する神社を作る際に、三宅所との近さが立地の決め手になったのかもしれない。なお、同荘の神社に関しては「在家《ざいけ》」、つまり、人の住まいも近くにある。この神社は、人の活動拠点と田の間に立地しているともいえる。

そして、人の活動拠点との関連性が強い場合、田に面しているかどうかは二の次になったようである。丈部荘の図が荘域から離れた味当社をわざわざ示している点には注意が必要である。同荘は一面野であっただけに、域内から視認しやすい神社などを描いた可能性は否定しないが、それでも、荘所なども併記している点からすると、郡司などの勢力を背景に、味当社が広範な影響を及ぼすような神社になっていた結果とも考えられる。

行政施設の近く、あるいは中に神社のあることは、特段珍しくない。奈良時代の実例としては、武蔵国入間《いるま》郡の役所の北西の角の、出雲伊波比《いずもいわい》神社（埼玉県入間郡）があげられる。同社は朝廷のまつりの対象にもなっていた（天理図書館所蔵文書）。行政との関わりは、その拠点近くの神社発展の後押しになり得たのである。

ただ、杵名蛭荘は、神社が三社もあるにもかかわらず、いずれも三宅所には近接していない。行政の拠点には神社が必ずあるとまではいえない。神社と行政の関係は、現実の勢力関係が分からないとはっきりさせられない面もある。杵名蛭荘の場合は、ある程度開発されていた場所の荘園であるので、味当社のように、すでに地域で影響力を持つ神社が、荘域外にあったのかもしれない。

以上、東大寺開田図の神社に注目し、その三通りの立地を紹介した。いずれの場合も、場所の確定には、東大寺よりも、地域の勢力関係や、耕作への直接的な関わりが影響を与えていたと見るべきであろう。

朝廷と関係の深い田の神社

とはいえ、朝廷の中枢が田に関心を持ち、立地に影響を及ぼしたと見られる例もある。『日本書紀』には、神功《じんぐう》皇后の西方出兵にまつわる伝承が収められている。伝承では、出兵を成功させた神々が相次いで「田」が名に含まれる地にまつられたとしている。その中の、穴門山田邑《あなとのやまだのむら》で住吉神《すみのえのかみ》の荒魂をまつることになった穴門践立《あなとのほんたち》という人物は、神々に供える品を作る田を献上したとされている（『日本書紀』）。践立に田地経営を期待し、神社の立地もそれにあわせたと見ることは的外れではないだろう。

住吉坐荒《すみのえにいますあら》御魂《みたま》神社（住吉《すみよし》神社　山口県下関市）とも称される、この長門国の神社の経済基盤は、和魂をまつる摂津国の住吉坐《すみのえにいます》神社（住吉大社《すみよしたいしゃ》　大阪市）と一元化されている（『新抄格勅符抄』）。この取り扱いは朝廷の差配なしにできることではない。当地の経営と神社の発展に、地域の人々だけでなく、朝廷も積極的であったことは確実である。長門国の神社周辺では、住吉神の荒魂を、単に地域の神と見るだけでなく、「大和国を中心とする政権の権益を、出兵を成功させるほどの力で守る神」としても捉えていた可能性があろう。

ところで、人の領域といえる田の中の神社は、立地から見ると神を隔てる意識に乏しいように受け止められる。だが、開田図をよく確かめると、未開地に面している神社が少なくない。一見難しいのは墾田されているところの神社だが、開発されていても、その田と管理施設、あるいは人家との接点に作られている例もある。田地と人の生活域とはやはり性格が違う。そうした意味では、田地を田の神の領域とし、山の神と同じような意識を持って神社を作っていたとしても何ら不思議ではない。

水の神

川の神社

田の水と神社の関係について、今しがた触れたばかりだが、川や海に面したところに作られる神社も紹介したい。『肥前国風土記《ひぜんのくにふどき》』に収められた、同国の基肄《き》郡姫社郷《ひめこそのさと》の神社（姫古曽《ひめこそ》神社　佐賀県鳥栖市）に関する伝承が、川の神社が作られた事情を物語っている。話の本筋は、郷内を流れる山道《やまじ》川の西岸にいた神のもたらした災いのことからはじまる。

昔、この川の西に荒々しく振る舞う神がいた。道行く人の半分は凌ぎ、半分は殺された。ある時、祟る理由をうらないで求めると、

「筑前国宗像《むなかた》郡の人の珂是古《かぜこ》に我が社をまつらせよ。もし願いが叶えば荒々しい心を

抱かない」

と答えが出た。珂是古を求めて神社をまつらせた。

伝承は続くが―後で紹介する―、結果としては、道行く人が殺されなくなったとされている。この時神社の地に選ばれたのは、山道川のほとりの田村《た》というところとされる。最初神がいたところも、神社ができたところも、いずれも山道川に関わっている。それに引き換え、この伝承で実害を受けたのが道行く人にもかかわらず、荒ぶる神、つまり荒々しく振る舞う神の、道の神としての側面や、神社と道との位置関係は出てこない。神の及ぼす災いは、根本的には川と関係すると考えられていたのであろう。『肥前国風土記』にはこの他にも、神社でまつられていたかどうかは明記していないが、山道川の神と同じように往来の人々を半死半生させる、佐嘉《さか》郡の佐嘉川の川上（佐賀市）の荒ぶる神の伝承もある。川の神が道の神としての一面を持っていたのは確かであろう。

一方で、同じ佐嘉川の川上の世田姫《よたひめ》という石の神（与止日女《よどひめ》神社　佐賀市）の所に、毎年海の底の小魚が来るという伝承もある。魚をおそれかしこめば災いなく、捕って食べれば死ぬことがあるとされている。水路との関係がうかがえる田の神社もそうだが、漁業・農業と神との関係性は、古代の伝承からもうかがえる。

図8　住吉大社（大阪府）

港の神社

当然、海に関わる神社もある。住吉神である。神の鎮座《ちんざ》した―安定的にとどまった―経緯を示す神功皇后の伝承は、海に接した神社が作られた目的をよく示している。

場面は西方出兵の帰途である。この時、皇后の子である誉田別尊《ほむたわけのみこと》、のちの応神《おうじん》天皇に反抗する動きがあった。住吉神の鎮座の話は、皇后が反抗勢力を追い詰める際のできごととして、『日本書紀』に載っているものである。

伝承では、追走する神功皇后が、現代でいう大阪湾で前に進めなくなった時、出兵を成功に導いた神々の意向が示されたので、それぞれ希望のところにまつっていく。神々のうち、住吉神は最後に、次のように示したとされる。

「私の和魂は、大津《おおつ》の渟中倉《ぬなくら》の長峡《ながお》に落ち着かせるべきである。それで往来する船を見たい」

これによって、摂津国の住吉神社が作られたということになる。「大津の渟中倉の長峡」—大きな港の淀んだ中のところの長い谷—がどこにあたるかについてはさまざまな考え方があるが、まつられた場所を、上町台地南端の現代の住吉大社と見ることに大きな問題はない。

その上で、言葉の意味を考えた時に重要なのは、まず「大津」であろう。『万葉集』には住吉津《すみのえのつ》が歌に登場する。そして、奈良時代、住吉の地が遣唐使船の出発地であった（『続日本紀』）。さらに、遣唐使の船着き場を作る際には、住吉神をまつることにもなっていた（『延喜式』）。国家的に重要な港で、船の動きをつかさどる。伝承は、住吉神に、そうしたことを求めていたことの裏返しであろう。

「長峡」という言葉にも注意が必要である。長い谷のことだが、同時に船が到着できる、底の深い入り江も指す。住吉神の立地は、まさに港の最前線だったと理解できる。

海の道の神

港となると、海の道の出入り口ということになろうか。海の道の神としては、他に筑前国の宗像《むなかた》神社（宗像大社　福岡県宗像市）の田心姫《たごりひめ》・湍津姫《たぎつひめ》・市杵島姫《いちきしまひめ》の諸神があげられる。『日本書紀』では道主貴《みちぬしのむち》—道をつかさどる神—と端的

図9　沖ノ島（福岡県）

に示されており、まつる三柱の神それぞれの場が、遠い海・中ほどの海・海浜だともしている。遠い海とは世界遺産の核となる沖ノ島、中ほどの海が大島、海浜は九州の沿海部となる。特に沖ノ島は、大陸との交流を物語る多数の宝物があったことで知られており、道の神だという『日本書紀』の記述を裏付けている。つまりは、島の神・海岸の神は道の神と位置づけられていたのである。

道のまつりは、朝廷でも道饗祭《みちあえさい》という、境や交差点をつかさどるとされる神に対するまつりを行っていた（『延喜式』）。古代の道の神は、今まで見てきたような、山や川、港や島など、特徴的な自然地形の地に多くまつられていた。視覚的にも目標になる上、川のように災害に直面しやすい、あるいは港や島のように災害から逃れ得る地形であることも、その理由であろう。逆をいえば、古代の川や海の神社に、道の神がよくまつられていたのは当然ともいえよう。

伊勢大神宮の立地

同床共殿

ここまで、古代の神社の立地をいく通りかとり上げた。分かることはさまざまだったが、総じて見ると、地形上の「縁《へり》」とでもいうべき場所に立地している神社が目立っていた。実は、天皇の祖先にあたる天照大神《あまてらすおおみかみ》をまつり、朝廷が最も重んじた伊勢大神宮《いせのおおかみのみや》（神宮《じんぐう》　通称伊勢神宮　三重県伊勢市）の立地も同様である。同宮は神代《じんだい》―初代神武《じんむ》天皇が即位する前の神々の時代―をはじまりとはしていない。その時期は、十一代垂仁《すいにん》天皇の在位中とされている。これからしばらくは、伝承からうかがえる立地の特徴を確かめていきたい。

『日本書紀』によれば、伊勢大神宮が作られるきっかけとなったのは、垂仁天皇の先代にあたる崇神《すじん》天皇の決断だとされている。その決断までは、自らの起居する宮殿で天照大神と「床を共にしていた」という。この状態は「同床共殿《どうしょうきょうでん》」と呼ばれる。宮殿の中では、天照大神から授かった宝鏡《たからのかがみ》―三種の神器のひとつの八咫鏡《やたのかがみ》と同じ―を、大神に見立ててまつったとされる。それは、天照大神の「宝鏡奉斎《ほうきょうほうさい》の神勅《しんちょく》」と呼ばれる命令に基づいている。その趣旨は、鏡を自分だと思い、同じ建物でまつりのために用いよというものである。『日本書紀』では、直接この命を受けたのは、大神の子にあたる天忍穂耳尊《あまのおしほみみのみこと》だが、その子で、この国を実際に治めることになった天津彦火瓊瓊杵尊《あまつひこほのににぎのみこと》に、さらに子孫の歴代天皇に伝わったという理屈になる。鏡は権威の象徴であり、姿を写す一種の神聖さも伴う。それだけに、鏡自体が神の代わりと見なしうると考えられたのであろう。

図10　神宮　皇大神宮（三重県）

ともあれ、崇神天皇の在位中、大和国の志貴瑞垣宮《しきのみずがきのみや》から、天照大神のまつりの場を改めることになったという。理由は、神の勢い、つまり強い神の力を恐れたからだとされている（『日本書紀』）。

これまで紹介した通り、古代、神は人に災いをもたらしうると考えられていた。強い神《しん》威《い》―神の力―が働いた場合、その災いも大きなものになりかねない。天皇の恐れはそこに由来するものであろう。まつりを行うみずからの責任で深刻な、ないし広範な災いが起き得るし、その災いが天皇自身に降りかかる可能性も高まるからである。神勅に反してまで、宮殿でのまつりを改めようとした時期は、疫病が起こり犠牲者も出て、世情不安にもなっていた時期にあたるとされている（『日本書紀』）。こうした国難の原因を自らにも求めていた天皇が、まつりを続けることで起き得る問題を深刻に受け止め、その結果が大神を移す決断となった。という筋書きは想定できる。

まつりの場の移動

いずれにせよ、天照大神のまつりの場は、宮殿から倭笠縫邑《やまとのかさぬいのむら》というところに移った。大神は天皇の娘である豊鍬入姫命《とよすきいりひめのみこと》に託され、そこには神籬《ひもろき》が立てられたという。神籬はまつりの核となるものである―現代生木や柱だと見なされがちだが、その確証はない―。なお、宮殿内には、大和国の国力を神と崇める大和大国魂神《やまとのおおくにたまのかみ》もまつられており、こちらは渟名城入姫命《ぬなきのいりひめのみこと》に託してまつらせたとされる。

伊勢への鎮座

垂仁天皇の時代になった後で、天照大神は倭笠縫邑から移動する。『日本書紀』によれば、倭姫命《やまとひめのみこと》が大神の鎮座《ちんざ》する、つまり留まるところを求めて各地を巡ることになった。倭姫命は豊鍬入姫命に代わって天照大神に仕えることになった、垂仁天皇の娘である。まずは、大和国東部にあたる菟田筱幡《うたのささはた》に遷った、その後、近江国（滋賀県）、美濃国（岐阜県）と北に大回りし、それでようやく伊勢国に入る。

そして伊勢国に至った時に、大神は倭姫命にこう意向を示したとされる。

この神風の伊勢国は常世《とこよ》の波が押し寄せる国だ。傍国《かたくに》でよい国だ。この国にいようと思う。

これを受けて神社を作り、天照大神が天から降臨し、鎮座したとされている。大神宮（皇《こう》大神宮《たいじんぐう》　通称内宮《ないくう》）のはじまりである—総称と区別しづらいので、以後は通称を用いる—。

文中の「傍国」とははずれの国という意味となる。実のところ、よい国—厳密には「可怜国《うましくに》」—とはしながらも、場所としてははずれの地だと評価している。実際、崇神天皇・垂仁天皇の宮殿があったとされるところから東に向かうと、海に面した突きあたりは伊勢大神宮の近隣になる。いい方を変えると紀伊半島の東端近くに同宮は位置するが、反対の西端にも、紀伊国日前《ひのくま》神社・国懸《くにかかす》神社（日前神宮・国懸神宮　和歌山市）という、朝廷との結びつきが深い神社がある。現実的には、意図的に「縁」の立地を選んだのであろう。

ところで、伊勢大神宮のある度会《わたらい》郡と、その西隣の多気《たけ》郡は、奈良時代初期には神郡という、神社との結びつきが深い郡とされていた。これは、日前・国懸両社の鎮座する名草《なくさ》郡も同様である。神郡は他にもあるが、それらの郡と関係し、かつ、朝廷の結び付きが深い神社は、やはり地理上の「縁」に位置している（『令集解』）。

『皇太神宮儀式帳』の鎮座伝承

伊勢大神宮のはじまりについては、『日本書紀』以外の史料からもう少し読み取れる情報がある。その中には、今までこだわっていたような、詳細な立地に関するものもある。

そのことが記されているのは、『皇太神宮《こうたいじんぐう》儀《ぎ》式帳《しきちょう》』である。同書は延暦二十三年（八〇四）にまとめられた朝廷中枢への上申書で、内宮とその管轄下の神社の祭神や建物、年中行事などがまとめられている。その内容は、式と呼ばれる律令の施行細則を作る際の材料になったと考えられる。実際、最後に編纂された式である『延喜式』の記載内容との関連性が見いだせる。まとめたのは大神宮《だいじんぐう》司《じ》大中臣《おおなかとみの》真継《まつぐ》と、禰宜《ねぎ》と大内人《おおうちびと》それぞれ一人、つ

図11　五十鈴川（三重県）

まり、神宮の神職であった。同書の価値は、作成こそ平安時代に少し入っているとはいえ、古代の内宮の実態が、現場の視点で詳細にまとめられているところにある。

この『皇太神宮儀式帳』の冒頭に、伊勢の地に天照大神が鎮座する経緯が記されている。その内容は『日本書紀』よりも詳細で、例えば巡行した国々については、その詳細な経由地とか、当地でどういった対応を受けたかなどが示されている。その対応とは、国造《くにのみやつこ》と呼ばれる地域の有力者から、神戸《かんべ》—神社の維持に携わる人々—や神田が奉られた、といった具合である。詳細なだけに、『日本書紀』になかった伊賀国（三重県）や、伊勢国内の経由地も示されているが、両者の間に大きな矛盾はない。

経由地の描写の後で、『皇太神宮儀式帳』は、鎮座地となる伊勢の度会にたどり着いた際の伝承を残している。それによると、倭姫命に場所を問われた大田命《おおたのみこと》と呼ばれる人物が、その場を流れる伊須々乃河《いすずのかわ》（五十鈴川）の名を述べた後で、

「この川上によい大宮の地があります」

と申したという。これを受けて天照大神は、

「朝日の近づいてくるところ、夕日が近づいてくるところ、波音が聞こえないところ、風の音が聞こえないところ、弓・矢・鞆《とも》の音が聞こえないところで、神の意により鎮まるところだ」

と喜びの意を示し、宮を定めたという。話はここまでなので、定めた地は内宮の場所に他ならない。

周辺環境とその評価

天照大神が伊勢の地に鎮まる伝承は、内宮の立地の特色をさまざまに示している。大神の言葉から最初に読み取れる情報は自然条件である。朝と夕方に、日が近づいてくるとしているが、これは、山がちのところを指すと考えられる。太陽は、周りに比較する建物などがある場合には、真昼などよりも相対的に

大きく見える。このことを、「朝日の近づいてくるところ」などと表現したのであろう。そして、古代であるから、巨大な建物の林立しているような場所とは考えづらいので、山並みが迫るようなところとなろう。『皇太神宮儀式帳』の別の箇所では端的に大山の中としている。

続いて、波の音が聞こえないところとしている。波の音が聞こえないのだから内陸を指そう。その後は、風の音が聞こえないとする。つまり、風を遮る木々のある、森の中ということになる。

天照大神が喜んだ地の状況は、まさに今の内宮の立地と共通する。内宮は、五十鈴川の東岸、山を縫ってようやく平地が広がりはじめる場所にある。そして、現代は河口から八キロ《キロ》上流に位置する。この距離は古代の実態とは合致しないだろうから参考にしかならないが、内陸であるところに間違いはないだろう。そして、境内を人為的に整備していなければ、木々の生い茂る山あいであることは容易に想定できる。それは、朝日・夕日が近く見え、波の音も、風の吹きすさぶこともない場所という、『皇太神宮儀式帳』の描写そのものである。

ところで、天照大神が示したとする意思は今ひとつある。それは、「弓・矢・鞆の音が聞こえない地」という評価である。弓・矢はいうまでもなく、鞆も弓を引く時に手首に装着する道具である。したがって、「戦闘に伴う騒ぎの音の聞こえないところ」ということになる。それはそのままの理解でよいが、そこから少し広く捉えれば、人の行動に、その安住を妨げられない地、という意味で、大神が場所を適地だとしたと捉えることもできよう。人の領域から、やはり隔絶されているのである。

外宮《げくう》と通称される度会宮《わたらいのみや》（豊受大神宮《とようけだいじんぐう》）の鎮座は、それから後のこととされる――こちらも以後は外宮とする――。『皇太神宮儀式帳』と対をなし、同じ年に作られた『止由気宮儀式帳《とゆけぐうぎしきちょう》』では、雄略《ゆうりゃく》天皇の在位中、祭神の豊受大神《とゆけのおおかみ》は、天照大神の望みにより鎮座したという。大神の望みは、天皇の夢の中で示された。その時、自身のみだとつらい、しかも食事も安心して受けられない。という理由も示したとされる。この理由は、まつりの体制が十分整っていない場合、人の領域から離れた場所に神社を作ることは、かえって支障となることを暗示している。いずれにせよ、これがきっかけとなり、丹波国（京都府）の豊受大神が外宮に鎮座し、毎日二度、同宮で天照大神のための食事を奉ったとされる。現代も「日別朝夕大御饌祭《ひごとあさゆうおおみけさい》」と呼ばれるまつりが行われている。

なお、外宮の立地は、『止由気宮儀式帳』によれば、度会の山田《やまだ》原とされている。原とは平地のことを指す。食事の調達は相対的にしやすい場所であろう。なお、人の領域との関連性は見いだし難い。

神社の立地の共通点

伊勢大神宮の立地は、広めの視野から見ると、天皇の宮から見た東の端ということになる。『日本書紀』から分かる点は限られているが、「傍国」という表現が、決め手を示す数少ない情報であるのは確かである。また、『皇太神宮儀式帳』によれば喧騒から離れたところを選んでいる。人の領域と一線を画した場所に鎮座する内宮の立地は、多くの神社と共通する。

社殿を作ることの意味

古代神社のよい立地の決め手は距離だけではなかった。当然といえば当然だが、神の好むような場所かどうかも重視されていた。『常陸国風土記』の立速男命《たちはやおのみこと》の伝承では、単に神社の立地だけではなく、その中の様子を細かく描写している。そこからは、「人の手の加わっていない施設や品物が用意されていた」ところが、神の求める場所と考えられていたことが分かる。

本殿のない神社

だが、立速男命の神社の施設に関する描写は、「石を垣根とし」としているだけに留まる。現代の神社の境内で多くの人々の気を引くのは、おそらく垣根よりも、「本殿」などと呼ばれる、神が鎮座するとされる建物であろう。だが、伝承は建物について触れていない。要するに、立速男命の神社に建物と見なせるようなものはなかった可能性がある。現代人の感覚からいくと、こうした神社の様子は珍しいと感じるかもしれない。

　だが、現代でも本殿がない神社は少数ながらある。諏訪《すわ》大社（長野県）はその一社に数えられる。例として、核となる上社本宮《かみしやほんみや》（諏訪市）をとりあげると、その境内には、まつりの場として、天保年間（一八三一〜四五）にできた「幣殿《へいでん》」「拝殿《はいでん》」と呼ばれる建物がある。だが両方とも、人がまつりを行うために設けられた建物である。多くの神社であれば、幣殿・拝殿の奥には本殿があるが、同宮にそれはない。神のために仕切った禁足地《きんそくち》—人の立ち入れない場所—のみである。神の区画を設け、本殿を設けないのは、もう一方の核である下社《しもしや》の春宮《はるみや》・秋宮《あきみや》（諏訪郡）も同じである。

　諏訪大社のことを確かに示す最も古い史料は『日本書紀』で、持統《じとう》天皇五年（六九一）のまつりを記録している。ただ、『古事記』によれば、主祭神建御名方神《たけみなかたのかみ》は神代に信濃国（長野県）に居所を定めたとされる。神話をもとにして、神社としてのはじまりの時期を確定させるのは無理筋だが、『古事記』『日本書紀』の編纂準備がはじまった飛鳥時代後期には、神話として語られるほどの古さを持つ神社であったのだろう。したがって、本殿のない神社の姿も、古代以来である可能性は十分ある。少なくとも、平安時代前半期までの間、南方刀美《みなかたとみ》神社などと呼ばれていた、同社の本殿を造営したことを明確に示す確たる史料はない。

今の話からすると、「古代の神社に、本殿やその他の建物—本書ではまとめて「社殿」とする—があるのとないのと、どちらがあたり前だったのだろうか」そして、「あたり前の状況は時代によって変わらなかったのだろうか」といった疑問が生じる。これから疑問への答えを示していくが、その前に、そもそも神社でまつられる神にとって、社殿とはいかなる役割を持っていたかについて、神とまつりのあるべき姿を示している伝承を中心に、しばらく突き詰めていきたい。

三諸山の宮

まずは、『日本書紀』をとりあげる。神代に神のために場所の整備を行ったとされる例は二つある。一例目は大和国の大神《おおみわ》神社である。『日本書紀』は、同社のはじまりについて触れる中で、国作りをしていた大己貴神《おおなむちのかみ》が、国の平定を後押ししていた自らの幸魂《さきみたま》・奇魂《くしみたま》—大物主神—を三諸《みもろ》山にまつる際、宮を作り住まわせたとしている。「宮」は建物のことを指す。まつるための他の準備に関する記載はないので、宮作りは、神を鎮座させる用意として重要視されていたことがうかがえる。

なお、現代の同社は、寛文四年（一六六四）にできた拝殿はあるが、諏訪大社と同様、

図12　大神神社（奈良県）

神の鎮座する本殿はない。『日本書紀』の「宮」は拝殿とも読めるので、神の建物として「宮」を考える時には、神社によって使い方の違いがある可能性を念頭に置く必要がある。

天日隅宮

神の住む建物として作られたと分かるのは、もう一例の杵築大社である。伝承は神代の国譲りの場面で、『日本書紀』によると、国作りをし、そして国譲りをする大己貴神に対し、譲られる側の高天原の高皇産霊尊《たかみむすひのみこと》は、

「あなたが住むべき天日隅宮《あまのひすみのみや》は、今用意しよう。とても長い縄で結んで、作り方は、柱は高く太く、板は大きく厚くしよう」

と告げたとされている。こちらは大己貴神が住むことを前提とし、高く大きく、立派な建物を

図13　出雲大社（島根県）

作ることを約束している。『古事記』だと、大国主《おおくにぬしの》神《かみ》―大己貴神のこと―が要望したことになっているが、ほぼ同様の建物が作られる筋書きになっている。宮を作ることになったのは、まさに国譲りの条件ともいうべきものである。国作りに尽くした神に対する格別の待遇といえよう。

『出雲国風土記』には、別の伝承も残っている。神社のある杵築郷《きつきのさと》（出雲市）の地名由来を示すためのものだが、出雲国の土地作り「国引き」の後に、貴い神々が所造天下大神の宮の場所に集まって、土を杵築《きず》いた―突き固めた―とされる。時系列からいけば、国譲りの前と見るのが自然だが、大己貴神のために宮を作る発想は、高皇産霊尊の意と同じである。建物作りを特別視する姿勢がうかがえる。

ちなみに、現代の出雲大社の本殿も、高さ二四メートルの威容ある建物で、延享元年（一七四四）に完成したものである。だが、中世以前はより大きな建物だったと考えられ、平安時代中期には、東大寺大仏殿より大きいとされていた（『口遊』）。また、現代の本殿の様式は大社造《たいしやづくり》といい、九本の柱を正方形状に配置して——八本は外縁だが、うち一本は中央に立てる——建物を支えるところに特徴がある。出雲大社ではないが、まつりの施設と考えられる九本柱の建物跡は、古墳時代後期（六世紀）までさかのぼるとされている。伝承を意識した建物を作り、受け継いできたのは確かであろう。

神の求める建物

今度は、人が神のために建物を作る伝承を確かめたい。伊勢大神宮の場合、『皇太神宮儀式帳』では「大宮」を定めたとされており、建物の存在を示唆している。神の意で鎮座したところに造営したのだから、当然大宮は神の避けるものではなかっただろう。

神社造営に関する伝承として、もうひとつ紹介したい。大和国の龍田《たつた》神社（龍田大社平群郡）で行われた、毎年四・七月の風神祭《ふうじんさい》である。このまつりは、五穀の稔りのために行うもので、朝廷から使《つかい》、つまり使者が神社に遣わされる定めであった（『延喜式』）。朝廷の作った祝詞には、まつりがはじまった経緯が詳細に示されている。それによれば、五穀などの農作物の不作が毎年起きた時、その原因となる神の特定に難航していたところ、時の天皇の夢の中で、不作を引き起こした神——天御柱命《あめのみはしらのみこと》・国御柱命《くにのみはしらのみこと》——が名乗り出て、自らをまつれば問題が解決すると、具体的な方法も含めて告げた。その内容は次のようなものである。

　私の前に、衣料は明るい布・照り輝く布・柔らかい布・ごわついた布・五色の布、楯・戈、馬に鞍を付けて、さまざまな幣帛《みてぐら》を供えて、朝日に向かうところ、夕日の隠れるところの、龍田の立野《たての》の小野《おの》に私の宮を定めて、私の前で言葉により称え尽くせば、天下の公民の作る作物は、五穀にはじまり、草の切れ端に至るまで、豊作にさせよう。

これを受けて天皇は、教えられたところに宮を造営したとあり、それを受けてまつりをしているという流れになっている。

この書き方からすると、神は、幣帛——「へいはく」とも読む、神への供え物——と並べる形で、建物の話に言及している。また、神の言葉として提示されている以上、神の求めるものであったと分かる。そうなると、社殿は神が好む供え物の一種だと了解できよう。

贈り物としての社殿

ここまで、社殿の作られる際の伝承を見た。伝承であるがゆえ、事実を忠実に反映しているとは考え難い。だが、神社にとって社殿がどんな意味を持っていたかは、伝承でも理解できるし、実際、いくつかの伝承に共通する点も見いだせる。それは、社殿が神の意に叶う贈り物だという点である。きちんと社殿が作られたのに、神が怨んだり祟ったりする伝承は、古代の歴史書などでは見られない。

社殿が贈り物の一種だと考えると、まつりに社殿が必要でない理由も浮き彫りになる。「社殿は神が常にいるという意識の産物であり、朝廷が社殿を作る際、意識ごと各神社に押し付けた」、こういった話がしばしば語られる。実態はどうであれ、朝廷が社殿作りに積極的であったことを考えると、こうした話は説得力がありそうに感じられるし、神社によっては、それと似た考え方が導入された可能性はあろう。正殿かどうかは明示していないが、天照大神は伊勢大神宮の地に常駐していると考えられていたからである。だが一方で、朝廷は社殿の有無が神次第だとも考えていた。神の求めで社殿を作ったとしているかららである。社殿の有無がそうであるなら、使用の方法や頻度が神に委ねられていると考えるのは必然であろう。要するに、社殿があったからといって、神がそこに常駐するという意識があったとは、直ちにはいい難いのである。これまで見てきたいくつかの例からも明らかなように、大事なのは神のための領域であって、社殿があるかどうかではない。ところで、常駐しているかどうかはともかく、社殿は神のためのものであるならば、そこに人が出入りすることは本来的ではない。つまり、その建物が閉鎖的であっても何の問題もないということである。むしろ神の領域が作れるので好都合でもある。社殿が広まった一因は、社殿の機能的な特色が、神に対する基本的な姿勢に対応できたからであろう。

現代、神が鎮座する本殿を開放して、人々が自由に出入りできるようにしているような神社はあまりない。その扉は開いていないのが普通である。本殿そのものに出入りできる神社であっても神のための空間は仕切られやはり閉ざされている。重要なまつりの時は扉を開くこともあるが、だからといって、やはり人はみだりに出入りしない。堂内の本尊と直に向き合えることの多い仏教寺院と違う、こうした神社本殿のあり方は、古代の人々のまつりの意識と符合しているのである。

伊勢大神宮式年遷宮

式年遷宮とは

社殿の役割を紹介したところで、社殿を作る実例も示しておきたい。対象は伊勢大神宮―内宮―の式年遷宮《しきねんせんぐう》である。持統天皇四年（六九〇）にはじまったと考えられ、古代から、朝廷による手厚い体制で行われていたこの遷宮は、社殿修造のあるべき姿を反映していると見てよいだろう。まずは、概要を説明していきたい。

式年遷宮とは、「決まった年に宮を改める」という意味に通じ、定期的に神が新しい建物に移る行事である。古代の人々がなぜこうした行事をしようとしたのか、はっきりしたことは分からない。ただ、耐久性のある社殿を敢えて作り替えることが―不具合のある箇所を修補すれば作り替えは不要であろう―、神に対する手厚いもてなしと考えられていたのは、社殿の役割を踏まえれば確かである。なお、式年遷宮は伊勢大神宮独自の行事ではない。中世以前は各地で式年遷宮を行うことの意義を見いだしていたようで、対象となった神社は少なくない。朝廷も他社の式年遷宮の制度を整備しており、平安時代前期の時点では三社を数えた（『日本後紀』）。

伊勢大神宮式年遷宮の周期と対象

内宮の式年遷宮について、『皇太神宮儀式帳』には、「常に二十か年に一度、新しい宮にお遷しする」とある。延暦二十三年（八〇四）という成立時期からすると、同書は奈良時代以前の実情を反映していると見られるが、『日本書紀』や『続日本紀』では、周期的に行う制度があった事実は確かめられない。後世の記録でも、奈良時代以前の遷宮の年はばらついており、二十年ごとに行われるようになったのは天平神護二年（七六六）以降とされている（『二所大神宮例文』）。式年遷宮を安定的に行えるようになったのは、奈良時代後期になってからだった可能性もある。

なお、二十年に一度とされているが、遷宮の年を一年目として数え、その二十年目に次の遷宮をしていたので、現代通用の計算方法だと十九年に一度になる。ここは古代と現代との大きな違いである。古代以来の周期による遷宮は中世の長い空白期間の前まで続き、

図14　内宮宮中図（『伊勢参宮名所図会』）

内宮でいえば、再開した天正十三年（一五八五）以降、現代と同じ間隔で実施されるようになった。なお、外宮の遷宮は二年遅れで行われるのが通例であった（『二所大神宮例文』）。現代は内外両宮とも同年に行われる。

　作る対象は、内宮そのものの他、関連する神社まで含まれる。ただ、平安時代中期の段階では、必ず作り替えなければならない建物は、御形を納める中核の正殿《しょうでん》と、神宝を納める宝殿《ほうでん》、幣帛を納める外幣殿《げへいでん》だけであった（『延喜式』）。もっとも、『皇太神宮儀式帳』ではそうした点に触れていないので、平安時代初期以前は全て作り替えていたのかもしれない。なお、元の正殿などを遷宮まで残したまま新しい宮を作るので、新たな宮は別の場所となる。現代の方法と同様、宮の地は東西に二つ並べ、遷宮の度にかわるがわる用いていたと見られる。

造営の実務については、朝廷が臨時の組織を設けて対処した。その名を「造宮使《ぞうぐうし》」という。造宮使は一人ではなく、長官以下、実際の作事を行う工《たくみ》まで、あわせて四六人からなる（『皇太神宮儀式帳』）。造宮使の編成は、式年遷宮の準備はじめともいえるのだが、その時期についての定めはない。実例から類推すると遅くとも一年前（『日本三代実録』）、平安時代中期の例では二、三年前には任じられていた（『新儀式』）。

次に、遷宮に実現するために必要な作事の流れや、それに伴うまつりなどを、『皇太神宮儀式帳』の内容に則して追って見たい。

遷宮までの流れ

①造宮使参拝……造宮使が内外両宮を拝するところから、儀式化された行事がはじまる。その際、伊勢・美濃・尾張・三河・遠江の五か国（三重・岐阜・愛知・静岡の各県）より役夫《えきふ》を徴発した。役夫とは労役に従事する人々であり、各国の国司の構成員などが引率した。五か国の国司を動員してまで行う社殿造営は他にはない。朝廷の関与度の高さはこうしたところに表れている。

②用材確保……『皇太神宮儀式帳』で次にあげられているのは、山口神祭《やまのくちのかみのまつり》である。

表２　内宮式年遷宮の主な行事

『皇太神宮儀式帳』	（参考）第62回式年遷宮	
①造宮使参拝 ②用材確保（山口祭） ③心柱作成（木本祭）	神宮式年造営庁発足 山口祭 木本祭	平成17年（2005）
④建築開始（宮地鎮謝）	鎮地祭	平成21年（2009）
⑤基礎整地	杵築祭	平成25年（2013）
⑥御船代作成（木本祭）	御船代祭	平成17年（2005）
⑦御形遷宮	遷　御	平成25年（2013）

まつりの名前から分かるように、山の入り口でのまつりである。この後、草木の刈り初めを行い、役夫を山野に遣わすとされている。つまり、山口祭を皮切りに、材木などの調達が行われる定めだったのである。

③心柱作成……その次は正殿の心柱《しんばしら》—『皇太神宮儀式帳』では忌柱《いみばしら》ともいい、現代では「心御柱《しんのみはしら》」と呼ぶ—となる木を伐り、作る行事が記されている。心柱とは、正殿建物の中央の地面に立てる柱のことであり、高床式の建物である正殿は支えない。伐る前には杣《そま》—用材の山—で木本《このもとの》祭《まつり》が行われ、柱を作った後は、正殿を作る場所に置くことになっていた。

なお、心柱の意義はさまざまに想定される。忌柱とも呼ばれることから、まつりの場の中心を示す役割があるとも考えられる。ただ、いかなる考え方をとるにせよ、御形《みかた》—いわゆる神体—となる鏡を正殿内に据え、宝鏡奉斎の神勅通りのまつりができる内宮で、心柱を「神が宿る本当の場所」と見ることは無理があるし、古代においてそう認識していた確証は見いだし難い。

④建築開始……心柱を作ったあとは、今回建物を作る地を鎮謝《ちんしゃ》する。鎮謝とは神を鎮めなだめることで、現代の神宮の式年遷宮では鎮地祭《ちんちさい》と呼ばれる。一般的な建造物を作る際に行われる地鎮祭《じちんさい》と同じである。まつりが終わると、鎌で宮地の草を刈り、鋤《すき》で穴をあけ、忌柱《いみばしら》、つまり心柱を立てはじめる。その後役夫が他の柱を立てることになっていた。穴をあけるのは、地面に直接建物の柱を立てるためである。

こうして作られる掘立柱《ほったてばしら》建物は、寺院でよく見られる、礎石の上に柱を立てる工法と対照的である。

正殿は、正面の幅が三丈六尺（約一〇・七メートル）、奥行きが一丈八尺（約五・三メートル）で、高さが一丈一尺（約三・三メートル）であった。これは現代の建物よりやや小ぶりの大きさとされている。なお、内宮の正殿のような建築様式を神明造《しんめいづくり》という。

⑤基礎整地……その次に行われるのは、正殿の地を築き平ぐ――固めならす――行事である。まつりは行われないが、役夫が持ってきた土を使い、禰宜・内人《うちびと》と呼ばれる神職が歌い舞いながら固めならす。この後、正殿を幕で覆い隠す定めになっていた。

⑥御船代作成……御船代とは御形を納めるための道具である。式年遷宮にあたっては、この御船代《みふなしろ》も新しく作ることになっていた。杣に入って木本祭を行った後、御船代の材木を伐り出し、正殿のところに運ぶ定めとなっていた。独立したまつりを行うのは、御船代の重要性ゆえのことであろう。なお、御船代の他に御樋代《みひしろ》という円筒形の容器も作られる。『皇太神宮儀式帳』ではその用途を明確に示さないが、当時から御形を直接納める目的があったと考えられる。

以上が、『皇太神宮儀式帳』に数えられた遷宮当日より前の行事である。詳細な期日は不明だが、先の造宮使を決める時期を考えると、材木の伐り出しから建物の完成まで二、三年で行う必要があったことになる。現代の式年遷宮の行事と比較すると、費やす時間は極めて短い。平成二十五年（二〇一三）の式年遷宮のための山口祭は、先立つこと八年前の平成十七年に行われた。古代の場合はそこまで早くない。行事の順序も同じではない。心柱を立てる時期―現代は遷御《せんぎょ》直前―など、【表2】には示していない違いもある。ただ、行う内容そのものは、平安時代初期も現代もだいたい同じである。

ところで、順序だてられた行事には組み込まれていないが、建物を作り終えた後には、造宮使とは別の朝廷の使が遣わされ、金物で正殿を飾る。正殿には、神話の中で大国主神が求めた建物（『古事記』）にもある比木《ひぎ》―現代千木《ちぎ》と呼ばれ、神社建築の象徴と受け止められている、屋根から突き出た部材―が付いている。神明造は神の建物としての伝統を受け継いでいるといってよいだろう。そこにも金具を付けていたのである。「まつりの伝統を守る」とは「素朴さの追求」ではない。金具の存在からは、そのようなこともいえよう。

装束・神宝

さて、建物作りとともに、遷宮に必要な品も用意された。『皇太神宮儀式帳』では、装束や神宝などが作られる。前者の装束は多様である。仕立てられたいわゆる着物だけでなく、沓《くつ》や櫛まで用意される一方で、建物の中を仕切ったり敷いたりする布も含まれる。要するに、衣装・服飾雑貨から室内装飾までを含んでいる。

神宝は大まかに、絹糸を作るための紡織具・刀や弓などの武器と、琴・鏡からなる。共通するのはいずれも耐久財だということである。立速男命の賀毘礼高峰の神社の神宝が、石になっていたとされていたことを思い出していただきたい。社殿と同列に位置付けられる神への供え物として、意識されていたのであろう。神宝と装束は京で用意され、遷宮の直前に現地に送られる。なお、『皇太神宮儀式帳』では、神宝の種類を十九種とする。現代の式年遷宮で作られる神宝は、その高度な製作技法を用いることから、現代でもしばしば注目されるが、その時は二十一種といわれる。二十一種という数え方も平安時代中期以

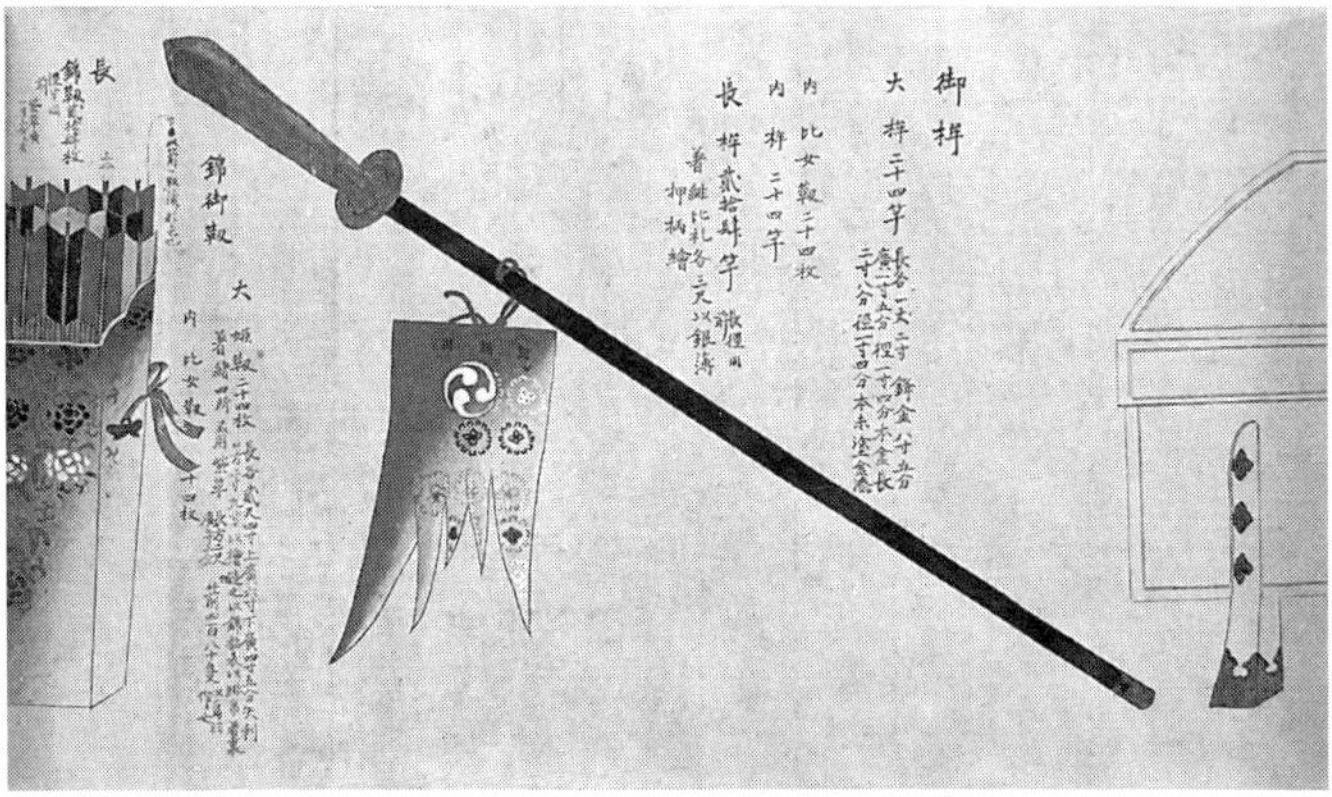

図15　『大神宮神宝古図』（國學院大學博物館蔵）

来のものだが（『延喜式』）、数え方が違うだけで、内訳に変わりはない。

御形遷宮

　こうした準備のもとでなされるのが御形遷宮（⑦）である。この日時は、九月十六日の亥の刻（二十一時ごろ）からと決まっていた。古い正殿から新しい正殿に御形を遷すのは夜。御形は禰宜が持ち、周りを絹で囲い、さらに男女が人垣となり、隠しながら移動する。新しい正殿に移った後は、拝礼をし、油貴《ゆき》と呼ばれる食事が奉られた。九月十六日という日取りは、内宮で最も重要な神嘗祭《かんなめさい》が行われる日であり、ちょうど同じ時間に食事を奉る定めであった。遷宮は、神に最善の環境を提供するまつりのもてなしだといえる。

　なお、平成二十五年（二〇一三）の遷御《せんぎょ》—御形遷宮と同じ―は、十月二日に行われた。現代、神嘗祭は十月十六日夜から、つまり、古代のまつりの日より一か月遅れで行っているので、遷宮については、平安時代初期の定めより早く実施していることになる。

他社の神社造営

平安時代初期の伊勢大神宮の式年遷宮は、先述の通り、五か国の国司を介して役夫を動員するなど、当時でも大事業であった。完成した正殿は、朝廷の考える神社のあるべき姿を体現したものであったのだろう。それでは、他の神社はどうだったのだろうか。正直なところ、手筈までは分からない。だが、手がかりはある。天平十年（七三八）、周防国（山口県）の国司が、国内の神社を作り改めるための財政負担を行った。その内訳は、実際の作事に携わる人々の日当の他は、釘や赤土を調達するためのものであった。そして、この時朝廷から使が遣わされたのだが、その使が国内にいた期間は二十五日であった（『周防国正税帳』）。対象は周防全域の神社である。

これらの情報からは、材木や建物の装飾などは現地調達できる範囲で、そして、さほどの工期をかけずに造営をしていたことが分かる。それでも、一日で立柱と上棟をしようとした平安時代中期の例もある（『宮寺縁事抄』）ので、きちんと作事とその準備をすれば、手抜きにはならなかったのであろう。

だが、周防国司の対応からは、社殿を作っていたことがはっきり分からない。負担の使途も、「神社を造り改める」とある。「社」とは後漢の中国では、つまり元々の漢字の意味は土地の神を指し（『説文解字』）、どう転じても土地という意味にしかならず、建物があることを示さない。そして釘と赤土はあっても材木に触れない。こうした点は、社殿ではない神社の施設―例えば、考古遺跡の実例からも確かめられる垣根など―を作っていた可能性を示している。

先に、「古代の神社に、本殿やその他の建物があるのとないのと、どちらがあたり前だったのだろうか」そして、「あたり前の状況は時代によって変わらなかったのだろうか」といった疑問を呈した。これまで紹介した実例からすると、奈良時代は、伊勢大神宮のような社殿のある神社が特別で、社殿のない神社もそこそこあったのではないかという見立てができる。先に身もふたもないことをいえば、その見立てを裏付けるような実数の割り出しはできない。だが、朝廷の対神社政策からは、彼らの主導する社殿造営の状況が分かるので、そこから社殿の一般化した時期を見いだすことができる。次章でも話を続けていきたい。

平安時代前期の神社とその維持

朝廷による社殿造営

時期や担い手が明確に分かる社殿造営は、大化の改新（大化二年〈六四六〉）以後確かめることができる。ここでは二つの古い例をとり上げたい。

斉明・天智朝の社殿造営

一例目は、出雲国である。斉明《さいめい》天皇五年（六五九）、出雲国造《いずものくにのみやつこ》に命じて、「厳神之《いかしかみの》宮《みや》」を作らせたとある（『日本書紀』）。力ある神の宮という意味で、どの神社を指しているかは明確ではない。杵築大社か、意宇《おう》郡の熊野坐《くまのにいます》神社（熊野大社　島根県松江市）のどちらかと考えられる。いずれにせよ、宮都から離れたところの神社でも造営に関与するという、朝廷の神社に対する方針が、この時点で確定していたことが分かる。

今一例は常陸国の鹿島神宮《かしま》（茨城県鹿嶋市）である。同宮では、天智天皇《てんち》の在位中（六六三〜七二）にはじめて、使を遣わして神の宮を作ったとされる。そして、以後作ることは絶えていないともされる（『常陸国風土記』）。こうした表現を取っているのは、式年遷宮をしていたことを示唆していよう。同宮は前章で触れた、朝廷が制度化した式年遷宮の対象であった――他は香取神宮《かとり》（千葉県香取市）と住吉坐神社――。二十年周期で、弘仁三年（八一二）より前は、正殿以外の建物も対象になっていた（『日本後紀』）点は、伊勢大神宮とも共通する。そして、制度化の時期が造営時なのか完成後なのかは別としても、天智天皇の在位中を始点とする式年遷宮は他にない。逆をいえば、特定の神社に対して、朝廷が式年遷宮による造営を行おうと企図しはじめた時代は、伊勢大神宮の式年遷宮のはじまった持統天皇四年（六九〇）よりもさかのぼり得るということにもなろう。

今示した、斉明天皇・天智天皇の在位中（六五五〜七二）の二例の社殿造営は、いずれも朝廷の関与でなされた。ただ、その担い手はまったく同じではない。出雲国の場合は、神社のある在地でまつりをつかさどる出雲国造に、その実質を担わせている。他方、鹿島神宮の場合は、伊勢大神宮と同じく、朝廷から使を現地に遣わして、造営の管理をさせる方法をとっている。特筆すべきは、いずれの方法も後の時代に受け継がれている点である。

鹿島神宮のところで述べた、式年遷宮のはじまりのことも踏まえると、社殿作りの制度化が、この時代になされていたと分かる。

天社・国社の社殿造営

では、他の神社はどのような社殿造営をしていたのであろうか。今示した事例よりは少し後になるが、朝廷が積極的な対応をとっていた。壬申の乱を経た後の天武《てんむ》天皇十年（六八一）、全国を対象に、「天社《あまつやしろ》・国社《くにつやしろ》」の神の宮を造営せよという詔《みことのり》――天皇の命令――が下された（『日本書紀』）。天社・国社はそれぞれ、「高天原にゆかりのある神社」「この国にゆかりのある神社」という意味だが、両方並べている場合には、あらゆる神社という意味になる。つまり、朝廷が把握した神全てが対象だったと考えられる。なお、神の宮は原文では「神宮」とされ、これが伊勢大神宮を指すという見方もできなくはないが、(1)『日本書紀』で伊勢大神宮を「神宮」とのみ称する例はわずかであること、(2)逆に他の神社の名称か社殿を「神宮」とする場合があること、(3)『風土記』でも杵築大社や鹿島神宮を指して「神之宮」としていること、(4)それまで、「天社・国社」と伊勢大神宮を分けた表現がないこと、以上の点から、「神宮」は全ての神社の社殿を指すと考えられる。

話を本題に戻すと、伝承で語られる時代も含め、天武天皇十年まで、包括的に社殿造営をしようとする動きは確認できない。したがって、同年の詔は画期的である。国家の基本法である律令の制作開始と同年である（『日本書紀』）点を踏まえると、天武天皇の治める新しい国の体制のもとで、各地の神社を重視する姿勢を示したものと評価できよう。

もっとも、対象となった具体的な神社の名や、社殿造営の方法などは定かでない。朝廷が祭祀対象の神社を増やしたのは、奈良時代の天平年間（七二九〜四九）だとされている（『古語拾遺』）。祭祀対象かどうかにかかわらず、朝廷が神社を広く把握する機会ができたのも同じ時期であろう。三九九社もの出雲国内神社が記載されており、その過半数を朝廷のまつりの対象ではない神社が占める『出雲国風土記』の完成は、天平五年である。これらの点を踏まえると、天武天皇十年の段階での朝廷が把握している神社、要するに社殿造営の対象になり得た神社はごく限定的であったと考えられる。

天平九年の神社造営

天武天皇十年の際と同様の、朝廷による神社修造の命令は、奈良時代にも二度下されている。一度目は、天平九年である。具体的には、使を全国に遣わして、神社を作らせるものであった（『続日本紀』）。このきっかけを示す直接的な情報はない。だが、この年の朝廷の関心事が何であったかは明らかである。『続日本紀』は、この年の記述の締めくくりに、当年の重大事を特に採り上げている。そこには、次のように記されている。

この年の春、疱瘡が大いに発した。はじめは筑紫《つくし》から、夏を経て秋になり、朝廷の高官以下国内の人々が、相次ぎ没して数えきれない。近年はなかったことだ。

実際、この年には、当時の朝廷の中枢を占めた藤原四兄弟などが軒並み没するなどしている。また、疱瘡が原因で、全国を対象に税の減免も行われた。神にかんしては、発生地の九州の諸社に祈願をしたり、国のために力を発揮した神を朝廷祭祀の対象にすると定めたりしている（『続日本紀』）。社殿造営の命令は、その後のことである。【表3】で示したとおり、朝廷が造営を命ずることは、そうそうない珍しい対処といえる。国難をも引き起こした疱瘡を理由とするのが、妥当であろう。

表3　朝廷による包括的な神社造営の命令
（大同4年〈809〉まで）

年	出　典	同時期の重大事
天武天皇10年（681）	『日本書紀』	律令の編纂開始
天平9年（737）	『続日本紀』	疱瘡の流行
天平神護元年（765）	『続日本紀』	恵美押勝の乱
大同4年（809）	『日本紀略』	嵯峨天皇即位

周防国の神社造営の実情

造営の命令が出たのは同年の冬、十一月である。これを受けて、各国の国司が対応することになった。その中で、周防国の状況は、国司財政の決算書というべき、天平十年の正税帳《しょうぜいちょう》（正倉院文書『周防国正税帳』）

図16　玉祖神社（山口県）

からうかがえる。この帳簿は、前章「古代神社の立地と社殿の役割」で奈良時代の神社造営の作事を考える際にとりあげた、同国の財政負担に関する説明の根拠となる史料である。

この正税帳を確かめると、中央の天平九年十一月の命令に基づき、神社を作り改めるための正税《しょうぜい》、つまり人々から国司が徴収した稲の拠出量―国司から見たら財政負担の量―が記載されている。さらに、当時から神戸を有していたと考えられる玉祖《たまのおや》神社（山口県防府市）については、神戸からの神税《しんぜい》の分配量を独立した形で示している。この量からは、造営命令の実情が浮き彫りになる。

正税帳の内容からすると、玉祖神社一社の割り当て量（六二一束八把）が、周防国内の神戸を持たない神社―平安時代初期の状況から勘案すれば、玉祖神社以外―の正税からの量（四一四束七把五分）よりも多い。近い時代の例を紹介すれば、天平五年の隠岐国（島根県）の正税帳（正倉院文書『隠岐国正税帳』）によれば、智夫《ちぶり》郡（隠岐郡）の神社修造への拠出量も一郡で六六束四把しかない。玉祖神社の造営に充てられた量の多さが分かる。

この違いからは二つの点がいえる。一つ目は、多くの神社に社殿があったかどうかである。玉祖神社も他の神社も、社殿があるかどうかは分からない。だが、割り当て量の差からは、玉祖神社以外の対象神社の多くが、社殿がなく、禁足地を垣根で囲う程度だったのではないかという推測もできる。赤土や釘の調達といった、正税の使途から見た場合と同じことがいえるのである。

神社造営の対象範囲

二つ目は、対象範囲の問題である。玉祖神社以外の神社に割り当てられる稲の総量の少なさは、周防国内の実質的な対象神社が、一〇〇社、二〇〇社という多数ではなかったことを示唆していよう。東大寺開田図に示されたような田の神社なども漏らさず対象としていたとは想定しづらい。

さらに、稲の出所にも注意が必要である。玉祖神社以外は、国司管轄の正税を財源としている。つまり、造営対象の決定に、国司の裁量が影響を及ぼす余地があった可能性がある。

ることになる。つまり、社殿造営の実現には、個々の神社と国司との関係も重要であり、国司のためになる神社が優先的に対象になったと考えられる。となると、逆に、国司との関係が希薄、あるいは関係が構築できない神社は、この形態の造営に期待するところはなかったであろう。

なお、天平十年の周防国の場合は違うが、朝廷中枢の直接的な意向とは無関係に、国司が独自に正税を用いた造営をしていたものと見られる。先に紹介した隠岐国は、造営のきっかけを明示していないため、その可能性がある（『隠岐国正税帳』）。ただ、そうした場合も、神社を広く対象としていたとは考え難い。

また、天平九年の命令のそもそものきっかけを思い出してもらいたい。それは、被害が朝廷の中枢にまで及ぶほどの疱瘡であった。地方財源とはいえ、朝廷の経済的負担が伴う社殿造営は、国家的危機ゆえの特別な決断だったと考えざるを得ない。この次の同様の命令は天平神護元年（七六五）である（『続日本紀』）。同年は恵美押勝《えみのおしかつ》の乱終結の翌年にあたり、やはりこの命令も国家的大事に伴う対処といえる。結局の所、きっかけはあくまで朝廷中枢の事情によるもので、神社の現場の状況は酌んでいなかったことを示していよう。

以上の点から、天平九年の命令の直接的な効果は限定的といえる。ただ、各地に影響が全然なかったとはいい難い。朝廷による神社造営の実施は、その成果によって、各地であるべき神社の姿を視覚的に示したであろう。特に社殿であれば、鮮烈な印象を周辺に与えただろう。神への誠意の表れともいえる社殿が広まる要因になったとしてもおかしくない。

造営の基本原則

以上、奈良時代までの朝廷による神社造営の実態を見てきたが、それが限定的だということが理解できた。となると、他の神社はどのように社殿造営をしていたのだろうか。その基本方針については令によって定められていたのではっきりさせておきたい。

養老令によれば、神戸からの税—具体的には調・庸・租—は神の宮を作るか、神に供える器具のために用いるものとされた。これは先行の大宝令でも同じだったと見られる(『令集解』)。要するに、社殿造営にはその税を用いるというのが、朝廷の定める基本原則だったのである。

だが、あくまでも基本は基本である。神戸は個々の神社に属するため、その経済状況には差異がある。しかも、神戸のない神社もあるため、令が適用される神社もまた、限定的であった。適用外の神社は、独自の経済的基盤によって、社殿、あるいは別の施設などを維持していたことになる。神戸の少ない神社も、実質的には同様だったであろう。

奈良時代の神社維持

神社の清掃命令

社殿を造営した後は、それを維持する必要が伴う。その実態は、大宝令制定後から下されていた、神社の清掃に関する命令からうかがえる。確認できる中での最初のものは、慶雲三年（七〇六）の命令である。この時、寺院と神社を対象に掃き清めさせている（『続日本紀』）。同様の詔は神亀二年（七二五）にも下されており（『続日本紀』）、こちらはその詳細が分かる。寺院に対する部分もあるが、神社とまったく同じ実情だったかどうかは考える必要はないので、ここでは神社に関係するところだけ紹介する。

災いを取り除き、よいことを祈る際は、必ず奥ゆかしき者に頼む。神を敬い仏を尊ぶには、清浄を第一とする。今聞くと、諸国の神の社の内は、多く穢《けが》らわしい臭いがあり、またさまざまな家畜が放たれている。敬神の礼は、どうしてこうだといえようか。国司の長官自ら幣帛を執り、慎んで清掃をし、常に年中行事をせよ。

この詔で注意を引く点は、まず、国司に清掃に関する責任を負わせているところである。国司は神社のことを管轄するが（『令義解』）、これはいわば、具体的なやるべきことの指示と位置付けられる。その清掃の意図も、詔の内容から明白である。境内が汚らわしい臭いで、家畜を放っているところにあるという。境内での家畜の放牧か、処分の状況を懸念してのものである。

清掃の担い手と理由とを整理すると、実は社殿の維持を念頭に置いていないことが分かる。社殿ないしそれに類する建物に関する言葉は出ないし、家畜が社殿を汚すことはあり得るが、社殿だけを清掃しても、家畜が放たれている状態の解決にはならない。そういった詔の表現がその根拠である。念頭に置かなかった理由は、一つは社殿造営が現場の財源で行うため、国司が基本的に関与しなくともよかったから、今一つは、言及するほど社殿が一般化していなかったから、といったところが想定される。

ところで、神亀二年の詔では、清掃の具体的手段を明らかにしていない。となると、国司の長官、つまり守《かみ》が直接手を下す必要はない。実際の責任がどこにあったかは、宝亀八年（七七七）の同様の命令から明らかになる。これによれば、諸社の祝《はふり》と呼ばれる神職が清掃することを前提とし、国司の監督責任を強化しているのである（『類聚三代格』）。先ほどの社殿造営に関する責任の所在を踏まえると、神社の境内維持の実質は、宝亀八年の命令以前から、神社の現場近くでまつりをし、あるいは経済的に支える人々が担っていたと考えるのが自然であろう。

ただ、逆に宝亀八年に、なぜ祝が名指しされたのかという問題は生じよう。神亀二年以前との大きな違いは、先にも触れたが、朝廷が把握する神社が増えたことである。『風土記』その他で各地のさまざまな神社の存在が明らかになり、朝廷の中枢が直接祭祀で関わる神社も増えた。そうした中で、国司にだけ責任を負わせるのは不合理だという発想が起きたと考えられる。それが宝亀八年の命令の表現につながったのだろう。ただ、朝廷の中枢か国司のどちらかの責任を広げることなく、神社を支える現場側に責任を負わせたことは、清掃に関する根本的な解決策を持っていなかったことの裏返しであろう。さらに、朝廷の神社に対する意識の変化が要因としてあげられるが、その点は本書の最後で触れたい。

神職の清掃責任

ここまで、奈良時代以前の社殿造営ないし神社維持の状況を追って見た。朝廷が担い手になり、かつ経済的にも負担するのはまれで、実質的には神社の現場で対処するのが基本であった。伊勢大神宮や鹿島神宮で行われたような式年遷宮となると、格別の対応だったのである。こうした事情のもとで朝廷は、自らのまつりの場を良好な状況に保とうとしていたが、その責任も神社の現場側にあった。この時代、神社の維持を命令する際に、清掃などといった言葉を用い、社殿のことを採り上げない理由は、そこに一因があると考えられる。神社に社殿を作るかどうかは、実際には神社の現場の判断だったのである。

奈良時代以前の造営・維持の実態

さらに、朝廷による神社造営についても、個々の神社の事情に合わせることもあったと考えられる。例としては、出雲大社と伊勢神宮をあげたい。それぞれの建築様式である大社造も神明造も古代の神社の建築様式といえよう。しかし、柱の配置、地面から床までの距離、屋根の向きと入り口の場所との関係など、双方に大きく隔たりがある。

何がいいたいかというと、朝廷との関わりの深い神社であっても、作り方は一様ではないし、それは古代以来のことだったということである。仮に、今まで紹介してきた朝廷による造営が、一律の様式の社殿の押し付けであれば、建物の作り方が違うことにはならなかったであろう。神社の事情に合わせた境内整備が行われていたというのが、当時の朝廷による神社造営の実態だったと考えられる。

平安時代初期の神社維持の制度改革

平安時代初期は、朝廷が神社維持に関して新しい方針を打ち出した時期にあたる。これからその方針の話を進めるが、その前に、経緯説明のため、大同四年（八〇九）の神社修造の命令について触れたい。時期からすればこれは、即位したばかりの嵯峨《さが》天皇の善政実施のために用意されたことは間違いない。だが、直接のきっかけは命令の中に、次のように明示されている（『日本紀略』）。

大同四年の命令

諸国の神社を作ることについては、勅《みことのり》を宣告済みである。だが、年月を経て、未だ作ることをしていない。

宣告済みの勅がいつのものかははっきりしない。天平神護元年（七六五）の命令が、確認できる中では直近だが、下されたのは大同四年よりも四十年も前で、天皇も四度代替わりしている。記録に残らない命令がその間にあってもおかしくはない。いずれにせよ、大同四年の命令は、朝廷が過去に試みた神社造営の確かな実現を目的としている。ただ、目的を裏返せば、朝廷の神社造営がうまくいっていなかった実情も浮き彫りになる。

大同四年の命令では、⑴国司の長官が担当して造営する、⑵財源は、神戸のある神社はその神税、そうでないところは正税とする、以上二点が定められているが、どちらも、天平九年の命令でいう造営と同様といって差し支えない（『周防国正税帳』）。実のところ、大同四年の命令は前例を踏襲した造営の命令に過ぎない。

ただ、この命令は、後で紹介する弘仁二（八一一）・三年の命令の前提に位置付けられる。造営された神社をいかに維持するかが、後発の命令の主眼だからである。制度の流れを踏まえれば、大同四年の命令は、他の同様の神社造営とは違った意義がある。

弘仁二年の命令

それでは、弘仁二・三年の命令に焦点をあてたい。その表現の仕方からも分かるように、二件の命令からなる。順番通りに紹介すると、弘仁二年の命令は、神戸のある神社を対象とする。その重要部分は次の通りである（『類聚三代格』）。

諸国の神戸の例では課丁《かてい》が多い。神に供えること以外の公の労役には赴かない。その身を使い神社を作らなければならない。破損に応じて修理すれば大損害になることはない。国司は毎年見回り確認せよ。もし従い改めず、さらなる怠慢を働く者は、状況にあわせて祓《はらえ》を科す。

従来、神戸の税を神社造営の財源とすることは令で定まっていたが（『令義解』）、造営ないし維持の担い手については特段決まっていなかった。弘仁二年の命令は、神社維持の担い手を、神戸の百姓《ひゃくせい》—税負担を負う人々。この場合は課丁と同じ—に確定するものであった。確実な造営と神戸の人材活用を求めていたのであろう。

維持の方法も注目できる。破損の随時修復を命じているからである。要するに、大同四年の命令で造営された神社をそのまま保つ責務を、神戸百姓は基本的に求められたのである。

弘仁三年の命令

弘仁二年の時に漏れた神戸のない神社を対象としたのが、弘仁三年の命令である。その肝心な部分は次の通りである（『類聚三代格』）。「これらの人」とは、禰宜・祝と呼ばれる神職である。

諸国に命じて、これより後、これらの人にずっと作事をさせなければならない。小破応じてすぐに修理せよ。延ばし怠って大破させることはできない。国司は毎年頻繁に見回りをせよ。もし禰宜・祝らが作ることに従事せず、破損をさせたら、みな解任せよ。位のある者は直ちに位を奪い、庶民であれば杖《じょうけい》刑一〇〇回とする。

今示した箇所は、無封《むふ》の――ここでは、「神戸のない」と置き換えて差し支えない――神社の造営負担を神職に担わせている部分である。維持の方針は神戸のある神社と変わらない。「小破」「大破」という対句を用いている分、前年のものより分かりやすい。ともあれ、対象の違う二件の命令で、神社維持の担い手に関する基本原則が、ここで明確化したことになる。

ただ、弘仁三年の命令にはただし書きがあり、担い手について、次のように言及している。

ただし、風・火の異常などによる損壊で、たやすく作り難い時は、上申してその結果を聞け。

小破で直せば大破なし、というのが維持の前提だとしたが、暴風や火事は、建物自体を一気に損失させかねない。また、財源を神職自身に求める神戸のない神社の場合は、大破では対応しきれないおそれがある。容易な造営ができない時に朝廷の中枢が検討すると定めた意図はそこにあろう。ただ、⑴深刻な破壊の例示は風・火のみである、⑵壊滅的被害の修復を「必ずやる」ではなく「検討する」と定めている、以上の点は、朝廷の中枢が差配する造営を、例外にして特別な対応と位置づけた結果に他ならない。

弘仁二・三年の新方針

弘仁二・三年の命令は、いかなる経済基盤の神社であっても、その維持の担い手を、神社の現場で関わり、そしてまつりを行う立場の人々とすることを確定させた。これが新方針の一つ目である。この方針で注意すべき点は、維持の担い手だけでなく、造営の担い手も実質定めたところにある。先述の通り、弘仁三年の命令で、大破時の造営は朝廷が検討するとされた。朝廷が造営に関与し得るのはこの局面だけである。つまり、それ以外で造営の必要性があった場合は担い手側の責任だということになる。破損放置の造営も、破損に関係ない社殿の建て替えも、全ては神社の現場の問題だったのである。

ところで、宝亀八年の命令は、清掃を旨とする維持を祝に課していた。実は、これはこれで後の時代に受け継がれていく。だが、弘仁の場合は、維持の際の表現としては従来なかった「修理」「修造」などの言葉を用いている。神の宮を作る目的の、天武天皇十年（六八一）の詔に「修理」が登場することで分かるように、これらの言葉は、本殿かどう

表4　朝廷による包括的な神社維持に関する命令（弘仁3年〈812〉まで）

年	方　法	相　手	出　典
慶雲3年（706）	掃浄	明示なし	『続日本紀』
神亀2年（725）	清掃	国司長官	『続日本紀』
宝亀7年（776）	掃修	国司（監督）	『類聚三代格』
宝亀8年（777）	掃修	国司（監督）祝（実施）	『類聚三代格』
弘仁2年（811）	修理・修造	国司（監督）神戸百姓（実施）	『類聚三代格』
弘仁3年（812）	修理・修造・修	国司（監督）禰宜・祝（実施）	『類聚三代格』

かはともかく、社殿を作る、あるいは直すことを前提としていると見て差し支えなかろう。

さらに、弘仁の命令自体には破損についての言及がある。再びの登場だが、「大破」「小破」が最も分かりやすいだろうか。破損した箇所を掃除したところで、根本的な解決にはならない。やるべきは補修になろう。

こうした表現は、弘仁の段階での神社維持が、きちんとした建築物の補修を念頭に置いていたことを物語っていると考えられる。これが二つ目の新方針である。つまり、現代のように、社殿のあるのが一般的だといえる状況に、平安時代初期にはなっていたということである。

度会郡の社殿の広まり

今示した言葉の表現だけだと中途半端ではあるので、別の史料を紹介したい。延暦二十三年（八〇四）、つまり、平安時代初期成立の『皇太神宮儀式帳』である。儀式帳という名からは想像しにくいが、内宮の他、同宮組織の管轄する神社の状況についても書き上げられている。同宮のある度会郡の管轄神社四〇社については個別に一項目を設け、その祭神やいわゆる神体とともに、社殿の有無や、ある場合にはその寸法なども記されている。その中の社殿の有無の内訳だが、二四社が正《しょう》殿《でん》、つまり社殿のある神社、一五社が不明、確実に建物がないと分かるのは、内宮の西の川―五十鈴川―のほとりの瀧祭《たきまつり》神社のみである。

朝廷に最も重んじられた伊勢大神宮の管轄する神社だけに、他の地域がこうした状況だったと即断することは必ずしも適切ではない。だが、平安時代初期の段階では、社殿が神社にあることが決して珍しい状況ではなかったのは確かであろう。

社殿一般化の時期

そろそろ話をまとめたい。社殿のある神社は奈良時代以前から存在するものの、それは朝廷との関わりの深い神社が中心であり、社殿のない神社も一定数存在したと考えられる。それが、奈良時代までの神社維持の命令の言葉に反映されていたと見られる。だが、朝廷がしばしば行う神社造営なども一因と見られるが、社殿を有する神社の数は確実に増えていき、平安時代初期には一般化したと理解できる。こうした状況が、弘仁の時に、建物を念頭に置いた、維持のための命令に結びついたのであろう。要するに、神社社殿の一般化は、奈良時代後期から平安時代初期にかけた時代（八世紀後半～九世紀初頭）だと考えられるのである。

ただ、大事な点は、大枠の傾向としては今述べた点が見いだせるが、神社の現場の状況で、社殿を作るかどうか判断できる余地があったことは確かである。社殿作りを推し進め、神の求める物という理解まであった朝廷が、その最も大事とする伊勢大神宮のお膝元で、社殿のない神社を存続させている。これは、個々の神社の独自性が重要視されていた、何よりの証拠であろう。

図17　神宮皇大神宮域内　瀧祭神（三重県）

補記――神体について

ところで、『皇太神宮儀式帳』の神社の記録には「形」、つまりいわゆる神体について触れていると紹介した。先に触れた通り、内宮のそれは『日本書紀』の神話通り鏡とされている。先ほどとり上げた四〇社に対象を絞ると、形と呼ばれる神体の内訳としては、石が過半数の二三社を占め、鏡と

図18　山ノ神遺跡復原模型（國學院大學博物館蔵）

するのは二社に過ぎない。他に一社のみ水を形とする神社があるが、少なからず、形なしという神社がある。つまり、神体がないというのである。その数一六社である――一社に二柱以上の神をまつる場合もあるので総計は四〇より多い。また、瀧祭神社の神体に関する記載はない――。

　これらの神社全てに、元来社殿がなかったという考え方は取らないが、仮に社殿がなければ、神体がまつりの中心となり得よう。そうした中で、石が形の多くを占めるとともに、神体のない神社が少なくないというのも、古代のまつりの姿を考える上では一定の意味を持とう。最初に紹介した立速男命の神社のような垣根のみのところは、社殿が一般化する前の一形態として、一定数あったのではないかと考えられる。

　社殿が一般化する前は、一定の区画を禁足地とする――垣根があるかどうかは別にして――、地面にしっかり根付いた石を中心とする—現代、そうした石を磐座《いわくら》という—、水の流れに神の存在を感じ取る、そして、神のための社殿を作りまつる。そうした形態が併存していたと考えられよう。

神職たちによる社殿維持の実態

神の系譜に基づく神社維持

弘仁二（八一一）・三年の神社維持の制度改革は、実際の神社維持に変化をもたらしたのだろうか。先に前提となる点を断っておくと、これ以降も、朝廷が差配する神社造営はしばしば行われており、社殿造営からまったく手を引いたということはない。だが、その機会は限られており、持続的な対処とはいい難いものである点も、前の時代から変わっていない。問題は、神戸百姓や禰宜・祝らの造営の実情はどうだったかという点である。実は、弘仁十三年、つまり、原則確定間もない時期に、すでに次のような報告が朝廷中枢にあがっていた。神戸のない神社の方である。

封《ふ》のない神社は作るための財がまったくありません。よって、幣をむさぼる祝部は社を作る手段がありません。役人が調べて責めても、めいめい逃れ隠れることを企てます。

内容を要約すると、造営の財源がないという問題に直面したのである。この状況を報告した大和国司は、むしろ逃げ隠れようとする祝部に同情的ともいえ、次のような対策を申請し、採用された。社殿修造に消極的な富める神職よりも、経済的に立ち行かない神職が目立ったのだろう。

封のない子孫の神を、封のある始祖の社に分けて配属させ、封ある神社の神主《かんぬし》に封のない神社の祝部を鎮めさせてください。そうすれば社では作り掃く勤めがあり、国には祟り咎《とが》の兆候がなくなります。

子孫の神、始祖の神とはどういう意味であろうか。これについて大和国司は次のような説明を施している。

神の子孫を調べ、本流別流を分けると、その祖の神は貴く封があり、子孫の神は卑しく封がありません。例えば、飛鳥神《あすかのかみ》の子孫は天太玉《あめのふとだま》、臼瀧《うすたき》、賀屋鳴比女神《かやなるひめのかみ》の四社、これらの類です。

子孫の神社数が一致しないものの—櫛玉命《くしだまのみこと》神社（高市郡）を書き漏らしたか—、該当する神社はいずれも大和国の高市郡《たけち》（橿原市・高市郡）に鎮座している（『延喜式』）。大和国司は系譜関係を確認した上で、その祖にあたる神戸のある神社に、子孫とする神の神社の修造を担わせる方針を考えたのである。

神の系譜をめぐる問題

神社の祭神の系譜に基づく修造の仕組みは、弘仁十三年の時点では大和国限定で適用され、貞観十年（八六八）には全国に適用された。なお、造営を怠る禰宜・祝の存在は、それより以前の承和七年（八四〇）にも問題視されていた（『続日本後紀』）。貞観十年の適用範囲の拡大は、大和国限定の段階ではある程度機能していたことの反映ともいえよう。だが、『日本書紀』に登場する神々が多くまつられ、同書や氏族の伝承などで神々の系譜関係も明確に把握できる上、神戸を擁する神社の多い大和国だからこそ、有効になし得たと見ることもできる。それ以外の国でどこまで通用していたかは定かではない。

大和国内の神社でも、有効に機能していなかった事例がある。筑前国の宗像神社と同じ神をまつる大和国城上郡《しきのかみ》の宗像神社（桜井市）である。維持していた高階《たかしな》氏という氏族の寛平五年（八九三）ごろの主張によると、氏族の衰退により神社の維持が困難になってきたところに、貞観十年の制度変更があった。だが、氏人《うじびと》、つまり高階氏の構成員は、筑前国の同名社が「諸社と異なる」ので疑って実行に移さなかったという(『類聚三代格』)。同じ神同士で「祖先と子孫の関係だ」と主張できるのかという、そもそもの話はさておき、祭神の系譜に基づく修造を実現するには、相手の神社との関係性が重要であったことを示していよう。なお、大和国の神社は、朝廷の差配で、筑前国の神社と直接の関係がない形での維持の方針が定められている。

神税使用の実態

では、神戸のない神社の維持まで担わされた、神戸のある神社の方はうまくいったのだろうか。話は前後するが、天長元年(八二四)に下された命令が、その実態を物語っている。それは、神戸の税の使い方に関する問題への対処であった。先述の通り、神戸の税は、神の宮を作るか、神に供えるための器具のために用いることが、令によって定められていたのだが(『令義解』)、天長元年の命令は、実際に税を使う局面で、次に示すような問題が生じていたとする報告を引いている(『貞観交替式』)。

行うところは全て神主に委ね、用いるところを問うていません。定めに反して使うことは意のままで、ともすればまつりのことをおろそかにしています。宮の社は崩れ落ち、作る意思もありません。

これを受けた命令により、国司が税を使う際の実行役となった。天長元年の対処は、弘仁二年で定まった神社造営の担い手に関する問題への対処ではない。だが、税を使わなければ実際の造営もできない。神戸があっても、担い手が定まっていても、神社造営の実現には困難が伴っていた。そうした現状が、天長元年の命令からはうかがえる。

その内容は、不行跡のあった神主の務めを国司に肩代わりさせるものであり、一見理にかなっている。また、国司が流用すれば自身に責任を負わせる点も定められている。それでも現実に、国司の構成員が職務に忠実である保証はない。そうなった場合、担い手に過ぎず、何もできない神戸百姓に、責任の実質がのしかかることになる。神社造営の困難さが克服されたかどうかは疑わしい。実際、以後も神社造営への対処がしばしばなされることからすると、天長元年の命令が根本的な解決をもたらしたとは考え難い。

延長四年の命令とその背景

その後、造営の方針に変化が見られるのは、少し時を経た延長四年（九二六）のことである。この時、次のような表現で、神職の怠慢が糾弾されている（『政事要略』）。

禰宜や祝らは小破を修理せず結局大破に至らせる。これは、ただ朝廷の修理を待って、私的な仕事をわずかもしれない結果である。

特例というべき、朝廷による造営を待っている状況だというのである。ところが、こうした状況に対し当の朝廷は、単に原則論を振りかざすでもなく、次のような対応をする。

これからは、公の使を遣わす修理の際は、社の修理の時、禰宜・祝や社の預《あずかり》らはともに確認し、保証となる文書を請い、同じく署名を加えよ。したがって、十年を区切りとして、その間の小破は、禰宜・祝や社の預らが、ただちに修理を加えよ。

要するに、奈良時代からあった使を遣わす造営はする。ただ、一度したら十年はしないというのである。この対応を裏返すと、状況によっては、朝廷中枢の差配による造営が頻繁になされ得る神社があったことになる。

まつりの行い方からすれば、平安時代中期（十世紀前半）は、朝廷中枢の神社に対する姿勢が変わる時代だといえる。特に、時に応じて神に祈願をする場合、従来であれば、対象神社をそのつど選んでいた。それが、幣帛を奉る対象となる神社が固定化されるようになる。伊勢大神宮を頂点に、その他京近隣の神社十五社からなる神社―総称はそのまま「十六社」。平安時代後期までに数が増え、最終的に「二十二社」と呼ばれる―がその代表といえる。延長四年の命令は十六社を名指ししてはいない。だが、後の例まで考慮に入れると、神職が何もしなくとも、朝廷が造営に積極的であったのは、十六社に含まれるような神社であったのは確かである。延長四年の命令は、そうした神社でも、際限のない修造をしない方針を定め、弘仁二・三年以来の原則になるだけ添わせるようにしていたことが分かる。原則を根本的に変更するものではなかった。

なお、延長四年の命令では、神戸の有無を区別せずに神職に責任を負わせている。このころには、実態のない神戸があり、その百姓に責任を負わせられなかった可能性がある。以後、朝廷の中枢が責める現場責任者は神職に絞られる。

延長四年から七十年以上経た長保元年（九九九）になると、朝廷は神社の現況を、「あるいは、枯れ木の下を指して社と称し、あるいは、荒野の中を開いて祠《やしろ》と称する」と把握していた（『新抄格勅符抄』）。示されているのは荒廃した神社の姿である。当時すでに、神社造営の監督すべき国司は対処せず、責任も問われていなかった（『政事要略』）。

こうした状況に追い打ちをかけるかのように、長保四年から、社殿作りの是非が国司の勤務評定の対象となり（『類聚符宣抄』）、彼らが社殿を作るか修理すれば、別の神社の荒廃を是認するまでになった（『北山抄』）。つまり、この頃を境に、朝廷は全ての神社を維持する制度上の方針を改めるまでに至ったのである。当時、出世をねらう貴族が建物を作ろうとしたのは、十六社などの朝廷の関心の高い神社であった。それ以外の神社の中には、朝廷の定めた方針のために、維持の可能性を断たれたところも少なくなかったであろう。

受け継がれる制度

ところで、神職に神社造営の実質的責任を負わせるよう制度化したのは朝廷だけではなかった。時代は下り、鎌倉幕府の基本法である『御成敗式目』（貞永元年〈一二三二〉）にも、「封ある社は小破の時にすぐに修理せよ。大破の時は上申し、その状況にしたがって指示を下す」とある。この相手は地頭と神主と見られ、担い手も対処方法も弘仁二・三年の命令とほぼ変わらない。しかも、式目は朝廷の命令に基づいていることをはっきりさせている。鎌倉幕府の神社造営が、朝廷の方針の踏襲であることは疑いない。

江戸幕府も同様である。神社神職に対する命令である『神社条目』（寛文五年〈一六六五〉）には、諸社の禰宜・神主らを対象に、神社小破の時に相応に常々修理するよう命じている。「小破」という言葉を持ち出しており、修理する主体も神職で、弘仁の命令と同じである。さすがに朝廷の命令と関係するとはしていないが、やはり実質は平安時代と変わらない。神職をはじめとする神社の現場が、社殿造営の実質を担う原則は、千年以上不変であった。

古代神職の職掌

祝部とそのつとめ

古代神職の職名

現代の多くの神社は、神社を統括する宮司《ぐうじ》と、それを補佐する禰宜《ねぎ》を中心に組織される―それぞれに準ずる立場の権宮司《ごんぐうじ》・権禰宜《ごんねぎ》も置かれたり、巫女《みこ》など、規則上神職に含めない者もいたりする―。宮司も禰宜も、古代以来の職名で、宮司―禰宜体制は、古代伊勢大神宮の神職組織と一部対応する。

古代はもっと多様な神職がいた。例えば、現代神職の通称となっている「神主《かんぬし》」の他、夜刀神の伝承で麻多智がなると宣言した「祝」がいた。さらに「祝部《はふりべ》」という名も文献に見られる。これら神職のつとめを探るのが、この章の主題である。まずは、神職を任じていた朝廷の制度―主に奈良時代のもの―を確かめたい。

朝廷の神職制度の基本

朝廷は神職と、どのような関わりを持とうとしていたのだろうか。その点は基本法典である令で分かる。大宝元年（七〇一）施行の大宝令では、祝部の名簿管理を、朝廷のまつりをつかさどる神祇官《じんぎかん》が管轄する定めであった（『令集解』）。この管理に関する規定は、大宝令に代わって天平宝字元年（七五七）に施行された養老令にもある（『令義解』）。だが、これ以上の神職への言及は、大宝令からは確かめられず、養老令にもない。この点から、朝廷の神職制度が、人事管理を基本としていたと分かる。

また、令に明文化されていないが、朝廷は、帳簿の管理だけでなく、祝部の任用自体も行っていた。その際、地方諸国の国司が選んで京の朝廷中枢に上申するか、神祇官がうらないで定めるか、いずれかの手続きが必要であった（『令集解』）。

さらに、朝廷は祝部になれる人物の条件も設けており、神戸の中から選ぶことを原則としていた。神戸のない神社も祝部の任用はできたが、大宝令の時代は、人数を一人に限っていた（『令集解』）。神戸は神社ごとに設けられ、どの神社にも神戸があったわけではない。奈良時代前期の状況を推定すると、神戸のあった神社は全国で一二〇社以下と考えられる（『新抄格勅符抄』）。一方、前章「平安時代中期以前の神社とその維持」で示したが、天平五年（七三三）の段階で出雲国の神社は三九九社を数えた（『出雲国風土記』）。神戸のある神社の数は、出雲国一国の神社数より少ない。神戸のない神社の多さがうかがえる。要するに奈良時代中頃まで、大多数の神社に朝廷の任ずる祝部は一人だけで、何人も任用できる神社は限られていたと考えられる。

祝部の正体

ところで、令に登場する神職名は「祝部」のみである。この祝部とはどのような人々なのだろうか。実は、奈良時代以前、特定の個人が祝部という名の神職に任じられていたと、はっきり判断できる例はない。逆に、祝部という言葉は、二人以上の神職を指して用いられていることが圧倒的に多い。

参考までに、平安時代前期、貞観年間（八五九～七七）成立の養老令の注釈書は、「祝部」という言葉を次のように説明している（『令集解』）。

禰宜も含む。神主も含む。でも祝だけことばであげただけだ。祝は祝部を省略したのだろうか。

説明が断定的でないところからすると、祝部が何を指すのか、当時の法の専門家でも、はっきりとはしなかったようである。ただ、祝部というのは神職の総称で、実際には、祝や禰宜など、個々の職に就いていたことは分かる。

では、奈良時代の朝廷は、祝部にどの神職をあてはめていたのだろうか。注目したいのは元号を改める改元である。この時、人々に直接告げる宣命《せんみよう》—適切に読むため、漢字・万葉仮名混じりの宣命体で作られる。宣命体は「プロローグ」の図3参照—や、文書の命令である勅が作成される。『続日本紀』には、奈良時代の改元の宣命や勅が複数引用されている。それらがどのような語句を用いて神職を表現しているか確かめて見たい。このような分析手法は西宮秀紀氏が行っているが、本書では、時代と対象を絞り、奈良時代の祝部の実態をはっきりさせることにつとめた。

表5　『続日本紀』改元時の神職の表現

年	全国諸社への対象	形態
天平神護（764改元）	諸国神祝	勅
神護景雲（767改元）	諸国祝部	宣命
宝亀（770改元）	諸社之禰宜	宣命
天応（781改元）	（伊勢大神宮のみ）	勅
延暦（782改元）	諸社禰宜祝	勅

なお、「改元になぜ神職が関わるのか」という疑問が生ずるかもしれないが、当時は改元の際、神職などに対し天皇が一級上の位階を授け、身分を高めていた。改元という当時の一大事にあたっての、天皇からの恩恵という意味合いがある。そして、元号を改める際の宣命や勅の中で、神職についても触れるのが通例であった。

その表現は【表5】にまとめたが、ひとことでいえば、一貫していない。「祝部」の他に、「禰宜」「祝」が登場する。ただ、改元という儀礼的な行事の場合、特別な事情がない限り、位階授与の対象は同一であろう。となると、奈良時代は、少なくとも祝部に祝と禰宜という神職が含まれていたと分かる。この見方は、先に紹介した、養老令の注釈書にある、あいまいな祝部の意味説明とも齟齬《そご》しない。

祝と禰宜

「祝部」の指し示す内容が分かったところで、祝・禰宜それぞれが何者かという点に踏み込みたい。まずは、その違いである。平安時代に少し入った、天長二年（八二五）の命令で朝廷は、「諸国の小社のあるところは、祝を置き禰宜がいない。あるところは禰宜・祝をともに置いている。先例は混ざり乱れて基準がない。そればかりでなく、ある国では女性の祝を置き、ずっとそのまつりをつかさどっている」という現状認識をした（『類聚三代格』）。

祝がまつりをつかさどる事例を引き合いに出しているところからすると、一般的な神社の場合、基本は祝を置くものだと、朝廷は考えていたようである。ただ、先例がまざり乱れているとされているので、従来は厳格な基準がなかったのだろう。

「祝」という字について、養老令の注釈書は、神を言葉で称える存在と見なしている（『令集解』）。これは、古来の中国における「祝」という字の理解と同様であった（『説文解字』）。注釈書の説明なので、必ずしも日本の祝の実態を反映しているとは限らない。ただ、朝廷のまつりで、神を称賛することが重視された点については、「プロローグ」で触れた通りである。令の解釈のように、神を称える職掌が祝にあったとしても、まつりのあり方からすれば問題ない。

ところで、祝の読み「はふり」（『令集解』）とは、「はふる」という動詞に通じるが、「はふる」は放ることを指す場合にも使われる。放るとは、特定の何者かを、自らの近くから遠くへと移す動作ともいえるので、夜刀神に対した麻多智のように―先述の通り、彼も祝である―、人の領域から神を隔てる者といった意味が、「はふり」という言葉にこめられているのかもしれない。

一方で、禰宜はどうであろうか。【表5】の事例では延暦への改元時がそうだが、『続日本紀』で禰宜と祝を併記している場合、ほぼ禰宜が先、祝が後という順番となっている。朝廷は禰宜を祝よりも権威ある職として見ていたのであろう。

記録上、「禰宜」という神職がいたことを最初に確認できるのは伊勢大神宮である。天平二年（七三〇）のことである（『続日本紀』）。同宮は、祝がいない代わりに禰宜が置かれていた（『皇太神宮儀式帳』『止由気宮儀式帳』）。彼らは雑任《ぞうにん》という下級神職にこそ分類されるが、その中では筆頭に位置付けられ、大内人《おおうちびと》や物忌《ものいみ》と呼ばれる神職を統括する存在だったと見られる。なお、同宮の禰宜は、伝承では鎮座の時から存在することになっている（『皇太神宮儀式帳』）。

伊勢大神宮を除けば、禰宜の登場した時代は祝よりも遅い。他社で禰宜の任用が確認できるのは天平勝宝元年（七四九）、各地に禰宜がいたことが判明するのは天平勝宝八年である（『続日本紀』）。この点、祝が神功皇后の時代にいたとされている（『日本書紀』）のと比べると、差があるといってもよいだろう。禰宜については、祝部の制度が浸透してきた奈良時代半ばぐらいから、伊勢大神宮にならって、権威ある職として他の神社でも任じられはじめた可能性がある。

なお、禰宜とは、心づくしをするといった意味を持つ「ねぐ」という動詞と通ずる。神を慮る職であることを示していよう。

以上、祝と禰宜それぞれの地位や職掌を推測したが、実際のところは、彼らに関する朝廷の詳細な定めはない。朝廷は、自身のまつりの実行を担ってもらうためだけに、神社の実情にあわせて禰宜や祝を任じたに過ぎない。内部での祝と禰宜の立場、つとめ、その他もろもろは、神社によって違って差し支えなかった。

優遇される祝部

ひとまず、朝廷が任ずる祝部の話に戻す。次は、彼らが優遇されていた点についてである。奈良時代の祝部は、時に応じて地位の向上が図られる対象となった。先に紹介した、改元時の位階の授与は、その一例である。同様の対処は、改元や即位ばかりではなかった。疫病が流行し、朝廷の中枢まで影響が及んだ天平九年には、宮中のまつりに奉仕する御巫《みかんなぎ》とともに、諸神の祝部が昇階の対象になった。天平宝字四年の時は、皇太后、世にいう光明《こうみょう》皇后の体調不良を機に、祝部の位を一級上げる措置が取られた。位階でない褒賞もあった。霊亀元年（七一五）の元正《げんしょう》天皇即位の時には、天下諸社の祝部は物を拝領している（『続日本紀』）。

続いては税を確かめたい。まずは、課役《かやく》と呼ばれる調や庸などについては免除されていた（『令集解』）。この他の主要な税は租だが、こちらも、天平元年に免除されたという記録が残っている（『続日本紀』）。しかし、⑴直接の理由が神亀から天平への改元であること、⑵「今年」という文言を盛り込み期間を当年に限定していたことから、普段は免除されていなかったと分かる。だが、神職の税負担が軽かったことは確かである。前章で禰宜・祝に神社維持を負担させたことについて多くの稿を割いたが、禰宜・祝に負担をかけてもよいと判断した一因は、この免税特権にあったのかもしれない。

図19　平城京の神祇官推定地（奈良県）

今まで示した祝部の地位や待遇は、やるべきつとめがあってこそのものに他ならない。次は、朝廷の定めたつとめに関する決まりごとについて整理していく。

祝部のつとめ

祝部について、令は人事管理のみを規定していたと先述した。令には朝廷の行うまつりに関する規定もあるが、その中に祝部ということばは一切登場しない。だが、令にないからといって、具体的な任務がないということにはならない。そこで、朝廷の祈年祭での、祝部の詳細なつとめを例として示したい。

朝廷の祈年祭は、毎年二月に行うことが令で定められ、穀物の災いが起きないために行うと解釈されたまつりである（『令義解』）。

その対象は広く、神祇官で天神地祇《てんじんちぎ》を全てまつるという理解であった（『令集解』）。要するに全ての神々をまつるということだが、実際のところ、対象は選定されていた（『続日本紀』）。ただ、平安時代中期の段階では全国二八六一所の神社などが対象となっており、他の恒例のまつりに比べると圧倒的な数であった（『延喜式』）。

その祈年祭の行い方は、延暦十七年（七九八）以前であると、神祇官が神に供える幣帛を用意し、神社側に渡す決まりになっていた（『類聚国史』）。受け渡しは京の神祇官の施設で、多くの官僚を集めて行うことが令で定められていた。要するに祝部は、神社との距離にかかわらず、毎年二月に京の神祇官に赴き、幣帛を受け取る任務を負っていたのである。

祝部の任務について、今少しの情報を提供するのは、神祇官で読まれた祝詞《のりと》である。祈年祭の祝詞は『延喜式』に収められている。この施行は、平安時代中期の康保四年（九六四）であるため、収録された祝詞が奈良時代から一言一句変わっていないと見るのは難しい。だが、祝詞の中には、承和七年（八四〇）施行の先行法令『弘仁式』とほとんど同じものや、全国規模のまつりでありながら大和国の神を特に意識したもの、さらには天皇が大和国を拠点としていない限りつじつまがあわないものもある。となると、奈良時代以前

表6　『延喜式』祈年祭祝詞の構成

段	対象	内容	奉幣の対象	奉幣の契機・目的
1	神主・祝部	聴取命令		
2		奉幣の宣告	天社・国社	稲作開始
3			御年皇神	稲の成熟
4			大御巫のまつる神	天皇の治世の長久繁栄
5			座摩御巫のまつる神	天皇の安定統治
6			御門御巫のまつる神	天皇の守護
7			生島御巫のまつる神	天皇の国土保全
8			伊勢大神宮	天皇の国土保全・治世の長久繁栄
9			御県に坐す神	天皇の食膳充実
10			山口に坐す神	天皇の安定統治
11			水分に坐す神	天皇の食膳充実
12		奉幣命令		

に根幹部分が成立した祝詞が、『延喜式』に多く収められていると考えるのが自然であろう。祈年祭の祝詞も、大和国内の神社の神の名を具体的にあげ、まつりをする目的をのべる部分があるので、同様と考えられる。

祈年祭祝詞に見る祝部

「祝詞」とは、人の願いを伝えるために神に対して用いることばと、現代では一般的に考えられている。だが、『延喜式』には、人に対して用いる祝詞が収められている。祈年祭の祝詞がそうである。こうした祝詞は、いい回しからして神に対して用いようがないのだが、実際、祈年祭祝詞の冒頭では、幣帛《へいはく》を取りに来た神主・祝部らが対象だと明らかにしている。それでは、その祝詞で朝廷は彼らに何をしようとしていたのか。それは、聞く相手に対する命令に他ならない。

祈年祭の祝詞は、その意味によって【表6】のように十二段に分割できる。神主・祝部に対する明らかな命令は、その中の最初の段と最後の段にある。祝部を名指しする冒頭の一段目は、現に読んでいる祝詞を聴取するよう命ずるものである。対して最後の十二段目は、神主・祝部らに、幣帛を間違いなく捧げ持って奉れとする。つまり、実質的には十二段目だけが祝部に対する神社での具体的な命令である。

祈年祭祝詞の残りの十段はどうなっているか。これらは対象となる神で分けられている。『延喜式』によれば二八六一社に及び、奈良時代であっても極端には変わらなかったと見られる対象神社のうち、その大多数は、二段目だけしか関係しない。

その二段目は、「『天社・国社と称する貴い神たちに、稲作をはじめるにあたり、天皇の貴い幣帛を朝に奉る』ということを告げる」という内容になっている。告げるのは神祇官の中臣と呼ばれるいわゆる官僚、その相手は祝部らである。この段で彼ら祝部は具体的な指示を受けていない。第一段に従い、内容を聞くだけで義務を果たしたことになった。

結果、祝詞は、祝部が神社ですることについて、十二段目にある、幣帛を神社の神に奉る以外の義務しか示さない。二段目の内容はあくまでも、朝廷による幣帛奉献にまつわる説明であり、それを祝部らは理解する必要こそあれ、神社でそれを披露する必要性はなかったのである。

なお、対象となる神々の前ですべき任務を示さない点は、他の段でも同じである。その点は、伊勢大神宮の天照大神の名を称える第八段も例外ではない。同宮の場合、祈年祭では祝部にあたる在地の神職が神祇官に赴く必要はなく、中央の側から使が伊勢に遣わされる（『儀式』）。祝部が関係しない以上、本来ここで触れる必要はないのだが、朝廷の祈年祭の幣帛の奉り方がよく分かるので、敢えて紹介したい。

伊勢大神宮での祈年祭幣帛

京から伊勢大神宮に遣わされた使は、祈年祭で表明されたような内容を、神前で披露するかのようにも受け止められよう。神祇官で読まれる祈年祭祝詞では、繁栄した国土の確保や天皇の治世の長久繁栄が、伊勢の天照大神へのまつりの目的だとはっきりと示している。その表現は対句を多用し、とりわけ、海上が船で満たされ、道には馬が連なる光景の描写―物流盛んな栄える国土を比喩している―は、古代祝詞の中でもひときわ優れたものとして評価されている。ただし、第二段と同様、その内容を神に伝える指示はない。

実際はどうであろうか。神祇官でそのような祝詞が読まれた後、使が幣帛を伊勢に運び、神前に納めることになる。この時、神前で読む祝詞も伝存する。だが、その内容は、神祇官での内容をまったく受けていない。幣帛を神前に奉るという事実だけが、神前に申し上げられるにとどまっていた（『延喜式』）。しかも、奈良時代には、その祝詞すら読まれていなかった可能性すらある（『皇太神宮儀式帳』）。伊勢大神宮にしてこの通りである。他の神社の状況は容易に推測できよう。

限られる祝部のつとめ

祝部の任務についてそろそろまとめたい。朝廷の定めるところは極めて限定的で、彼らが神社で求められていたのは、まつりの幣帛を奉ることだけであった。現代のまつりを念頭に置くと、神職には他にも、神に対して何らかの願いをことばで伝える、あるいは、神が和むような芸能を披露する、などというつとめがあるようにも思われる。

古代のまつり一般で、このようなつとめがなかったわけではない。神に対する祈願も、歌舞もあった。ただ、朝廷の祈年祭の場合、祝部はする必要がなかった。そればかりでなく、祝部を集めて行う朝廷のまつり全てがそうであった。仮に朝廷の幣帛を奉る際、神社で祝部が何かしているとすれば、それは神社単独で運営しているものであり、朝廷とは関係ない。

なお、奈良時代末期以降、祝部にはまつりをするよう圧力がかかる。ただ、そうした場合であっても、つまるところ求めたのは、幣帛を神祇官に取りに行き、それを神社で奉ることであった。朝廷と祝部の関係の基本は変わらなかったのである。

氏族のまつりと神主

伝承に見る神職の資格

前節「祝部《はふりべ》とそのつとめ」では祝部をとりあげ、実際には祝や禰宜《ねぎ》が朝廷に任じられていた点、そして、任務が神に幣帛を奉ることに限られていた点について話を進めてきた。だが、神社とは朝廷の幣帛を奉るだけの場なのだろうか。神社に密接に関わっている人々の具体的な願いを叶えることは、神社ではできなかったのだろうか。実際にはそのようなことはない。古代の神社は、朝廷とは直接関係しないまつりが行われ得る場であったし、朝廷もそれを前提として個々の神社に対していた。その姿勢は、神社の神職に関する制度にも反映されていた。祝部を任じてはいたが、彼らはあくまでも朝廷のまつりの関係者であり、神社のまつりを行う組織そのものを事細かに定めていなかったのである。

となると、古代の神社のまつり、そして神職の役割については、個々の神社で何が起きていたかを見極める必要があろう。そこで、『風土記』の伝承などから神職になるための資格を浮き彫りにして見たい。やることは今まで示した伝承の振り返りである。

まずは、「プロローグ」で紹介した夜刀神《やとのかみ》の伝承（『常陸国風土記』）からである。注意したいのは、麻多智《またち》たちが神に妨害を受けたり、それに対して麻多智が神を撃退したりした場面ではない。祝になることを宣言したところである。この宣言を受けて神が麻多智を攻撃してはいないので、神の暗黙の了解があるといえよう――神にとっては不本意かもしれないが――。つまり、神がまつりを行う人物を決めたことを、この伝承は示しているのである。

このような、神がまつりを行う人物を定めたとする伝承はことのほか多い。前出の『風土記』でもう一編とり上げたいのは、『肥前国風土記』の姫社郷にまつわる、荒々しい神と珂是古《かぜこ》との伝承である。先ほど触れなかった部分を、次に示しておく。

珂是古の神探し

珂是古は幡《はた》を捧げて、「本当に私のまつりを求めているのであれば、この幡は風にしたがって飛び去って、私を求める神の辺りに落ちよ」と祈った。そして幡をあげ、風

図20　姫古曽神社（佐賀県）

にしたがって放った。時に、その幡は飛び去って御原郡姫社の杜《もり》に落ち、さらに戻り飛んできて、この山道川のほとりの田村に落ちた。珂是古は自然と神のいるところを知った。その夜、臥機《くつびき》と絡垜《たたり》が舞い遊びながら出てきて、珂是古を押す夢を見た。これで、織女神《おりひめのかみ》と知った。それで社を立ててまつった。これより後は、道行く人は殺されなかった。そのため姫社という。

もともと、人を殺すような荒々しい織女神が珂是古を求めていたことは、うらないによって人々が承知していた。その上で、それを確認するために──古代の伝承でも、うらないや神のお告げを無条件には受け入れない登場人物はいる―珂是古が幡を飛ばしたところ、場所が分かり―筑後国御原郡（福岡県小郡市）と山道川の河畔―、さらに、機織りの器具が出てくる夢で神が何者であるかが判明した。『風土記』が制作されていた奈良時代前期では、ここまで関連性があるとされれば、珂是古が織女神のまつりを行う資格ありと見なされたのであろう。複数の方法で神の意思を確定させるこのような営みは、現実にも行われていたと考えられる。

神に名指しされた人物

神がまつりを行う者を名指しする伝承は『日本書紀』にもある。大和国の大神神社も同様であった。同社のはじまりは神代だが、後の崇神天皇の夢で、祭神大物主神は次のような指示をしたとされる。

天皇よ、また愁うことはない。国が治まらないのは、私の意思だ。もし我が子の大田田根子に私をまつらせれば、たちどころに平穏になるだろう。また、海外の国も自然と従うだろう。

この後、臣下が同様の夢を見たことを知って天皇は喜び、茅渟県《ちぬのあがた》の陶邑《すえのむら》（大阪府堺市など）にいた同人を探しあて、まつりをさせた。神の言葉からも分かるように、当時は疫病が流行し、半分の人が死に、反乱も起きかねない状況だったとされている。大物主神へのまつりも一度失敗している。それが、大田田根子によるまつりで―このまつりが唯一の決め手とはいえないが――、問題を克服したという筋書きになっている。

大神神社のまつりをする人物は、祭神自身が名指しするという形で選ばれたことになっている。実は、臣下の夢の中で、大和大国魂神も、市磯長尾市《いちしのながおち》にまつらせろという指示があった。この神は、天照大神と同じように宮殿でまつられていたとされている。崇神天皇の命により宮殿外で最初に神をまつる役割を負った渟名城入姫命は、髪が抜け落ち体がやせて、まつることができなかったとされる。そこに指示が来たのである。臣下に対して市磯長尾市にまつらせよと告げたのは貴人である。神かどうかも定かではないが、尋常でない状況下であるのは確かである、大和《おおやまと》神社（奈良県天理市）のまつりの転機である。

また、『日本書紀』には、神に名指しこそされていないが、神の意を汲んだ人物が、まつりを担う話がある。神功皇后の伝承の中で、住吉坐荒御魂神社・住吉坐神社でそれぞれまつりをすることになった、穴門踐立・田裳見宿禰《たもみのすくね》である。彼らは、出兵時に力を発揮した住吉神が留まる場所を指定した時に、「神のいらっしゃろうと思われる地に、必ず定められるべきです」と、神功皇后に進言したとされている。まつりを行う人物には、神の意に従う気持ちが当然に求められる。筋書き上は、彼らの発言が、のちに神職に選ばれる決め手になったということであろう。

まつりをする氏族

今示したまつる人々の多くは、現実にまつりで関係した氏族との系譜上の関係を持っている。明確なところで行くと、

・田裳見宿禰―津守連《つもりのむらじ》の祖（『日本書紀』）―住吉坐神社神主（『住吉大社神代記』）
・大田田根子―三輪君《みわのきみ》の祖（『日本書紀』）―大神神社神主（大神氏『続日本紀』）
・市磯長尾市―倭直《やまとのあたい》の祖（『日本書紀』）―大和神社神主（大倭氏『続日本紀』）

以上である。その他にも、国譲りの際、大国主神をまつることになった天穂日命の子孫の出雲臣《いずものおみ》が（『日本書紀』）、出雲国のまつりをつかさどる出雲国造―厳密には、まつりを行う資格は神主であることによる（『類聚国史』）―となるなど、まつりを行う氏族は、そのはじまりから祖先が行っているという伝承を有している場合が多い。

ひとつの見方をすれば、特定の氏族が神職の地位を占める根拠として、神社のはじまりの伝承を残し、神とその祖先との関わりを示したと受け止められる。それは、朝廷の中枢近くだけではなかった。夜刀神に麻多智は、自らとともに、その子孫がまつると誓っていた。夜刀神の伝承には麻多智の後の時代の話がある。そこでの主人公の壬生麿《みぶのまろ》は麻多智の子孫とは考え難い。麻多智の誓いは彼とは関係なかった。なので、神に勇ましく対抗する姿勢は取るものの、神を殺せないし、そもそもまつりを行って解決できなかったのだろう。

珂是古の場合ははっきりしない。だが、『肥前国風土記』は、わざわざ筑前国宗像郡の人と、出身地を明らかにしている。同郡出身の人物が、織女神のまつりを行っていたことの反映である可能性はある。神と人との関わりを示す伝承は、さまざまな神社で、特定の氏族がまつりをしていたことの証明である。

地域に根差した神

　また、これらの伝承が、『日本書紀』のように朝廷が作った歴史書や、『風土記』のような朝廷内の報告書に載った点も見逃せない。要するに、朝廷が、そうした氏族による神まつりを認めていたことが分かるからである。ただ、崇神天皇の夢の伝承からも明らかなように、天皇自身が神との関わりを持ち得、現実にも官僚機構を有していたはずの朝廷が、こうしたまつりを認めていたことには疑問も生ずる。

　その疑問への答えは簡単ではないが、神社に限っていえば、神社の神が地域に根差した存在だったからであろう。例えば、住吉神の和魂《にきみたま》は大津の渟中倉《ぬなくら》の長峡《ながお》、大物主神《おおものぬしのかみ》は三《み》諸《もろ》山、大和大国魂神《おおくにたまのかみ》は穴礒邑《あなしのむら》の大市長岡岬《おおいちのながおかのさき》（奈良県桜井市）――渟名城入姫命のまつりの場として示されているが――（『日本書紀』）。今示したのは、これまでに紹介した中でも、とりわけ国や天皇に密接に関わった神々である。であれば、朝廷が手厚くまつっていることを伝承で示せばよいだけで、まつりの場などに気を留める必要もなかろう。だが、いちいちまつられた場所が了解されている。

伊勢大神宮も例外ではない。同宮については、単に伊勢国、伊須々乃河の川上といった場所が示されているだけではない。伝承の中では、鎮座の際、天照大神《あまてらすおおみかみ》が場所にこだわりを示した。これらは、神社の神と、そのまつられた地との関連性の深さを示唆していよう。

古代の神社のまつりとは、その場所で力を持つ神に対することであり、現場の視点で神社のある場所に注意の目を向けることにもつながる。そうした現場主義で神社は成り立っていた面がある。責任ある形で現場の維持のできる氏族が、神社の中心となるのは必然といえよう。

なお、ここまで話を進めると、天皇の地域支配と神社が関連しているようにも受け止められる。確かに、朝廷による氏族のまつりの許容は、その氏族に神社と関係する地域の権益を保証することになり得よう。だが、一段踏み込んで、神社のまつりで朝廷の力を示す機会はあったのだろうか。祈年祭でそうした機会がなかったことは、前節の祝詞の話でご了解いただけたであろう。だが、他に確認すべきまつりはある。それは、祝部が登場しな

表7　『延喜式』相嘗祭の国別対象神社数

国など	社数
京　中	1
山城国	8
大和国	17
河内国	3
摂津国	8
紀伊国	4

表8　飛鳥時代から平安時代前期までに神主のいた神社

国	神　社	国	神　社
伊勢国	伊勢大神宮＊[1]	河内国	枚岡神社
山城国	平野神社	河内国	恩智神社
山城国	梅宮神社	摂津国	住吉神社
山城国	石清水宮	下野国	二荒山神社
大和国	春日神社	陸奥国	黄金山神社
大和国	大神神社	若狭国	若狭彦神社＊[3]
大和国	大和神社	出雲国	熊野坐神社
大和国	穴師神社	出雲国	杵築大社
大和国	巻向神社	筑前国	宗像神社
大和国	三歳神社＊[2]	豊前国	宇佐宮
大和国	宗像神社	肥後国	健磐龍命神社

＊[1]まつりの中心という意味。職としての神主ではない

＊[2]貞観8年（866）廃止

＊[3]確実な任用例はない

いにもかかわらず、氏族との関係性を持つまつり、つまり、祈年祭と行い方の違う朝廷のまつりである。令により、毎年十一月に行われる定めとなっていた相嘗《あいなめ》祭《さい》がそれにあたる。

相嘗祭

相嘗祭の目的は、令で「上卯相嘗祭」「下卯大嘗祭」と、書かれ方が大嘗祭—この言葉は、のちに天皇即位時に一度だけ行うまつりだけを指すようになり、平安時代になると、恒例の方は制度上「新嘗祭」と呼ばれる—と対になっており、かつ「嘗」という字も共通することから、大嘗祭・新嘗祭と同様、神に食物を奉るところにその目的があると見られる。相嘗祭の対象

は京近くの神社で、平安時代中期の段階では三九社が対象となっていたに過ぎない（『延喜式』）。天照大神に対する大嘗祭などに先立ち、特定の神々に食物を振る舞うまつりとして、相嘗祭は位置づけられよう。なお、このまつりのさらなる特徴は、酒を造るための酒《さか》稲《しね》を対象となる全ての神社に用意するところにある。対して、稲をそのまま奉る用意はない（『延喜式』）―そのままの稲穂は、祝詞などでも描写される神への奉献品である―。食物とはいっても、その核は神社で作る酒であった。相嘗祭は酒のまつりといえるのである。

さて、養老令の注釈によれば、相嘗祭は対象神社の神主らが幣帛を受け取りまつるものと定められていた（『令集解』）。例えば、幣帛を奉る、祝詞を読むなどといったことは、基本的にはまつりの中の一つの行事であり、まつるといわれているのであれば、神社の現場で完結したまつりを行うことになる。したがって、単に朝廷の幣帛を奉ることだけが規定されていた祈年祭よりは、相嘗祭は丁重だと評価できる。

だが、相嘗祭でも、まつりでの行事や作法などについて朝廷は何ら命じていない。この点は、平安時代中期になっても同じである（『延喜式』）。つまり、相嘗祭で実際に行われることは、氏族のまつりに他ならず、奉られる幣帛が朝廷のものであるに過ぎない。先ほど、神社のまつりで朝廷の力を示す機会があったかどうか、などといった話をしたが、当の朝廷は、相嘗祭でもそうした機会を積極的に設けるしくみを定めていなかった。幣帛が朝廷のものなので「全く」とはいわないが、朝廷の神社に対するまつりに、朝廷の地域支配のセレモニーとしての要素はほとんどなかったのである。

神主とは

実質氏族のまつりである、この相嘗祭の担い手だとされているのは神主である（『令集解』）。神主とはそもそも何者なのだろうか。

まずはその資格だが、朝廷の任ずる神主の場合、なれる氏が定まっていた（『類聚国史』）。神主は、今まで説明してきた、まつりを行うことが決まっていた氏族で継承していく職だったのである。ただ、氏族にはさまざまな構成員がいる。氏族の中のどのような人物が神主になっていたのだろうか。

この点については、相嘗祭の注釈の中で、同じように社名をあげられていながら、神主が担い手とされていない神社の実態を探ると分かる。まずは、先ほどもとり上げた大和神社である。注釈の中で「大倭」としているこの神社の担い手は、「大倭忌寸《おおやまとのいみき》」とのみある。これは単なる氏族名であり、長尾市を源流とする氏族のまつりが行われていたことは分かるが、氏族内の状況は分からない。だが、和銅七年（七一四）に、この氏族の五百足《いおたり》という人物が氏上《うじのかみ》となり、神のまつりをつかさどることになった（『続日本紀』）。この事

図21　大和神社（奈良県）

実から分かることはさまざまある。

氏上―「氏宗」「氏長」ともされる―とは氏族の長として位置づけられており、朝廷もその把握に努めていた。また、氏宗が氏全体の命令を受ける役であることは令に定められており（『令義解』）、少なくとも奈良時代前期までは、氏上が単なる名前だけの職ということでもなかったようである。そうした彼らが、神のまつりをつかさどる立場になったのである。和銅七年のことを記した原文は「令主神祭」となっており、「神主」とはしていないが、五百足はこの時大和神社の神主に任じられたと見て間違いない。要するに、大和神社でも、神主がおり、それは氏族の代表者が担っていたのである。なお、神のまつりをつかさどるとされたのは同氏の祖である長尾市もそうであるし（『日本書紀』）、天平十九年（七四七）には神主として、大《おお》倭《やまとのみずもり》水守という人物が登場する（『続日本紀』）。水守が同年授けられた位階は、権威・待遇の面で下位者と差の付く従五位下《じゅごいのげ》であった。氏族の代表かどうかは不明だが、その地位は高かった。

ところで、今の話から明らかなように、「神主」とは「神の（まつりを）主《つかさど》る」という意味を持つ言葉である。責任者としての色彩が強く、この点こそ、先に触れた祝や禰宜との違いになろう。この点、一般的な神職も指す現代の「神主」という言葉の意味とはずれがある。

しかも、単にまつりの責任者であればよいというものではなかったようである。養老令の注釈では神主を「監神」だとしている（『令集解』）。直接的な意味は神を見張るということだが、今までの話を踏まえると、監神という言葉からは、神の対応を把握することが、神主の重要な任務であることが分かる。神社のまつりではないが、神功皇后の伝承の中では、皇后自身が神主となり、夫である仲哀《ちゅうあい》天皇の生命を左右した言葉の主を探ったという話がある（『日本書紀』）。この伝承から神主の役割を考える際には、皇后が仲哀天皇への言葉を発した当の本人とされている点を意識する必要がある。つまり、理想的な神主とは、神の意を汲める人物であったことが、この伝承からは読み取れる。

話を相嘗祭に戻す。氏上がまつりの担い手だとはっきりしているのは大神神社である。相嘗祭の注釈には、「大神氏上」と、氏上がまつると明記されている。氏族の中核によるまつりが、同社の行い方だったことはいうまでもなかろう。

氏族のまつりの神主

大神氏については、平城遷都（和銅三年〈七一〇〉）前後に「氏長」「氏上」の存在が実際に確認でき（『続日本紀』）、彼らがその担い手だったのは確かであろう。だが、こちらも、天平十九年には、神主の大神伊可保《おおみわのいかほ》が史上に表れる（『続日本紀』）。伊可保が氏上かどうかははっきりしない。だが、天平十九年（七四七）に授けられた位階―五百足と同じ従五位下―などを考慮すると、少なくとも氏族を代表する存在の一人だと見てよいだろう。

大和・大神両神社の相嘗祭の関わり方から見た神主の資格は相当に明確である。まつりをする特定の氏族の構成員で、かつその中核となるような人物が求められていた。相嘗祭に関しては、律令が制定される前の、天皇によるまつりの流れを受けているといわれている。となると、朝廷の中での神主の位置付けは伝統的に確立されており、令によって制度が整備された祝部とはその出発点が違う。

どの神社であれ、まつりの責任者がいるはずである。だが、平安時代初期になるまで神主が関係する制度が多くないのは、神主が朝廷との関係で、すでに安定した地位を得ていたからかもしれない。もちろん、五百足のように、奈良時代から、朝廷は神主を任じる権限を持つなどしていた。さらに前の天武天皇六年（六七七）には、神税の神主への配分などを定められている―これは後に受け継がれないが―。少なくとも、土地や人事など、朝廷の世俗政治面で関係し得る、神戸があったり、有力氏族の関わる神社の神主については、野放しということではなかったのは確かである。

ところで、前節で祝部の説明をする際、令の注釈書を引いた。そこには、祝部に神主が含まれる旨の記載があった。「神主も含まれる」と（『令集解』）。だが、(1)祝部に神主を含むとする令の解釈は、「祝部」という言葉の成り立ちを推測する中での言及であり、書き手がどこまで祝部を理解していたかわからない、(2)任用の出身母体が、祝部が神戸、神主は氏であり同一ではない、といった点などから、厳密には含まれない。ただ、祈年祭の祝詞では、「神主祝部」と併記し、命令を下している。現実には、朝廷に正式に任じられた神主が、祝部と同じつとめを担うことがあったのだろう。

図22　春日大社（奈良県）

春日神社の神主

大和国の春日《かすが》神社（春日大社　奈良市）は、神主が置かれた神社である。だが、その神主にはある特色があった。『延喜式』の祝詞の一編である春日祭祝詞には、神主を該当者に「定めて」幣帛を奉るという趣旨のくだりがある。これではまつりのたびに神主を決めているかのようである。朝廷に任じられる神主は、奈良時代であれば任期がない。祝詞の表現はいささか不自然ですらある。

朝廷の記録にはじめて登場する春日神社の神主は、大中臣常道《おおなかとみのつねみち》といい、元慶二年（八七八）に位を授けられている（『日本三代実録』）。大中臣氏はその祖先が、祭神の一柱である天児屋根命にあたり、血統の面では何も問題はない。ただ彼は、神祇少副《じんぎしょう》、つまり、神祇官の次官の任にあった。平安時代であるため、大和国は平安京から一日かかる計算となる。神祇官に勤める人物が京から離れた場所を拠点とするのは通常は考え難い。当時の春日神社の神主は、いわゆる専業者ではなかったのである。だから、神主をまつりのたびに選ぶような祝詞の表現が生まれたと見られる。

こうした任用形態となる背景については、春日神社の創建の事情を了解する必要があろう。その事情についても、春日祭祝詞からうかがえる。

大神たちの求めに従い、春日の三笠の山の地面の堅固な岩に太い宮の柱を立て、高天原に高い千木を立てて、天の影・日の影と定め申し上げて、

要するに、祭神の求めに応じて、三笠山《みかさ》（春日山　奈良市）の麓に本殿を建てたというのである—朝廷が準備した琴の奉納年代や、神社に伝わる伝承からすると、創建は神護景雲二年（七六八）と考えられる—。この祝詞は、天皇の言葉という位置付けになるので、本殿を建てたのは朝廷ということになる。つまり、春日神社は、朝廷によって作られたといってもも過言ではない。ただ、それであるために、神社でのまつりの組織を、朝廷の官僚によって行う必要があった。その結果が、官僚との兼任という形態を生んだと考えられる。

なお、神主が常住していないためか、同社には預《あずかり》という神職がいた（『続日本後紀』）。「留守を預かる」という意味に通じ、日常的な神社の管理を行っていたと考えられる。

以上、春日神社の場合、他の神社とは神主のあり方が違うことを説明してきた。それは、朝廷との深い関わりが影響した結果といえるのだが、別のいい方をすると、何とでもまつりができるであろうはずの朝廷も、置かざるを得なかったほど、神主の存在は神社のまつりの中で重みを持っていたのだろう。

神宮司とは

伊勢大神宮司

古代の神職をもう一種、神宮司を紹介したい。現代の多くの神社の代表職である宮司の名はこの神宮司に由来する。ひとことでいえば、朝廷が神社の運営に特に関わる神社に存在し、その神社の中核となる職といえる。

最初に神宮司が置かれたのは伊勢大神宮である。同宮の場合、神宮司を大神宮司と呼ぶが、置かれた時代は孝徳《こうとく》天皇の在位中（六四五〜五四）とされる。さまざまな宮内の行政を行う、有爾《うに》村（三重県多気郡）の神庤《かんだち》を発展させ、度会宮のある度会山田原に作ったのだという。その役目を負ったのは中臣《なかとみの》香積《かつみの》連《むらじの》須気《すけ》とされる（『皇太神宮儀式帳』）。要するに、神職として最初の大神宮司は須気だということになろう。そして、そのつとめが、

表9　平安時代前期までに神宮司のいた神社（奈良～平安前期まで）

国	神　社	氏族（平安前期まで）
伊勢国	伊勢大神宮	大中臣氏
下総国	香取神宮	
常陸国	鹿島神宮	大中臣氏
越前国	気比神社	大中臣氏
能登国	気多神社	
出雲国	未詳＊[1]	
豊前国	宇佐宮	大神氏・宇佐氏＊[2]

＊[1]延暦20年（801）廃止
＊[2]弘仁12年（821）確定，以前は津島氏補任の例あり

まつりに関わるというよりは、大神宮に関わる地域の行政などを担うためのつとめだと、神宮司については分かる。

さらに『皇太神宮儀式帳』に頼るが、大神宮司の主な職掌としては、(1)まつりへの参加、(2)神税の差配、(3)神職の宿直管理、(4)管轄する神社の祝部の任用、以上があげられる。(1)については、単に参加するだけでなく、中心的な役割を負っていた。いわば、伊勢大神宮の現場責任者という位置付けになる。ただ、(2)以下は、直接まつりに関係あるものではなく、大神宮の管理運営に類するつとめだったといえる。当初の目的に沿った職務といえよう。

神宮司の置かれた神社

神宮司は他の神社にもいた。奈良時代だと、豊前国の宇佐宮《うさ》（宇佐神宮　大分県宇佐市）、気比《けひ》神社（気比神宮　福井県敦賀市）にいたことが確認される。確たる記録で見る宇佐宮神宮司の初出は天平神護二年（七六六）、大神多麻呂《おおがのたまろ》が任じられたとするものである（『続日本紀』）。多麻呂はもともと主神《かんづかさ》という

図23　気比神宮（福井県）

職にあったが、十二年前に罪を問われて流されていた。元主神の彼が復活する際、朝廷主導で組織を一新するため、新たに神宮司を置いたとも考えられる。

気比神社の場合は、宝亀七年（七七六）にはじめて置かれたとある（『続日本紀』）。この時期、渤海《ぼっかい》との交流が盛んになっていた。使が海を渡って能登国（石川県）に来着する（『続日本紀』）など、北陸道《ほくろくどう》でも注意の必要性が求められていたと考えられる。後に気比神宮司は、外国の使節を迎える松原客館《まつばらのきゃくかん》を管理する役割を負った（『延喜式』）。交通の要衝―鎮座する敦《つ》賀《ぬが》郡は京と日本海側の諸国を結ぶ海陸の結節点―で、北方の客人に対すばかりでなく、広く人々の往来を見据えるために、全国有数の二三四戸の神戸を擁し（『新抄格勅符抄』）、すでに有力であった気比神社の代表を神宮司として、その責任を負わせたのであろう。

実際にはもう少し多くの神社に神宮司がいたと考えられるが、全ての神社に置き得るような職ではなかった。平安時代前期の段階で確認できる分も含めて、神宮司が置かれた神社の共通点を確かめると、⑴京周辺ではなく、特に海上交通の要になり得る、⑵神戸の戸数が多い、といった点があげられる。

この傾向は、神郡と関係する神社と同じだが、実際、神宮司のいる多くの神社は神郡の地の神社である。逆に、神郡に関係し、神宮司が置かれていない神社については、『日本書紀』などに収められた伝承に登場する氏族が神職を務めている。つまり、地域のまつりの伝統を受け継いだ神社には、神宮司が置かれていないのだと分かる―出雲国の神宮司が廃止された理由も、出雲国造の存在が影響したのであろう―。

ところで、平安時代中期以降の実情まで確かめると、神宮司の多くは、朝廷の中枢のまつりに関する行政に、大きな影響力を持っていた大中臣氏の同系氏族である。このことは、交通の要衝などという理由で、中央の影響力を及ぼしたいところの神社を、半ば直轄のような形で管理しようとしていた可能性を示唆している。神宮司の周辺地域の行政への関与が明確に制度化されているのは、先の気比神社や、伊勢大神宮（『類聚三代格』）くらいである。ただ、そこまでいかなくとも、その職掌を活かして、神社のみならず、周辺地域への影響を及ぼしていたことは、想像に難くない。

神宮司になる資格は神主と同じで、特定の氏族から選ばれることになっていた。任期も奈良時代はいわゆる終身制であった。だが、平安時代初期、神主と同時に、任用制度が一気に変わる。その点については、次の章「笏と神職」で詳しく説明したい。

笏と神職

神職把笏のはじまりとその背景

神職と笏

現代、神社の神職は「伝統的」と感じさせるような出で立ちでまつりをする。装束《しょうぞく》と呼ばれるその出で立ちは、多くの神社で三通り用意されており、まつりの格に応じて使い分けている。神社にとって重要な大祭―神社や祭神にとって特別な日に毎年行う例祭《れいさい》や、本殿を建て替えた時の遷座祭など―の場合は正装、中祭では礼装、参拝した人々の祈願、いわゆる「おはらい」などの小祭では常装と呼ぶ。男性神職の場合、正装は衣冠《いかん》を―礼装の斎服は衣冠仕立てだが白い布地を用いる―、常装は狩衣《かりぎぬ》装束《しょうぞく》としている。

これらの源流は平安時代の中期までさかのぼる。当時、衣冠は宮中での夜間の宿直のための装束、狩衣は野外の娯楽で着られていた。重要な儀式で高官が着装した礼服《らいふく》や、通常の政務用の束帯《そくたい》と比べると、これらは略装に位置付けられるが、後の時代になると、神社に詣でる際に着られるようになっていた。康和元年（一〇九八）に、因幡国（鳥取県）の国司 平 時範《たいらのときのり》が衣冠を着て、国内の主な神社をめぐって参拝したのはその一例である（『時範記』）。現代の神職の装束は、その頃の先例に則ったものといえる。

三通りある現代の男性神職の装束に話を戻すが、その手に持つ物は共通する。それが、この章で注目する笏《しゃく》である。縦に長い板状をし、平安時代中期から「手板」と呼ばれていた（『倭名類聚抄』）この笏は、現代神職の象徴にもなっている。まつりであれば、男性神職は基本手にしている。

この笏、目に見える形での実利を得ることはあまり想定されていない――ただ、天皇の詔を宣告するために、笏にその内容を書き留めるような使い方があるにはあった（『続日本後紀』）――。にもかかわらず、これを持っているのはなぜだろうか。実際のところ、笏ははじめから神職の象徴ではなかった。

多くの神職が笏を持てるようになった時期――奈良時代末期から平安時代前期

図24　笏

―は、神職の立場が大きく変わった時期とも符合している。これからしばらくは、神職と笏との関係を、神職の周りで起きた変化も見ながら追っていくことにしたい。

奈良時代の把笏の原則

日本の笏に関する制度は奈良時代初期に整えられた。唐にならったのはいうまでもない。確実なはじまりは養老三年（七一九）、朝廷に仕える官僚―朝廷の諸官司、つまり各部署で上から四等級目の主典《さかん》以上の官職に就く者―が把笏《はしゃく》、つまり、笏を持つこととなった時である。なお、この時材質も定められ、五位以上という高級官僚が象牙―平安時代には用いる機会がほとんどなくなる―、六位以下は木とされた（『続日本紀』）。持つ人が限定され、材質も地位によって違っていた笏は、朝廷で重要な職にあった人物を示す標識になり得た。つまり、笏は手に持つだけでその意味を果たす物といえる。

さて、官僚以外の把笏は、職単位で個別に認められた。そのはじまりは、基本が定まった養老三年のことである（『続日本紀』）。ただ、神職はというと、奈良時代中期までの段階では、把笏が許された事実を確かめることができない。また、養老令でも特別な定めはない。もちろん、神職が官僚を兼ねるような事態は想定でき、その場合は把笏もできたであろうが、当然、神職だから認められていたということにはならない。また、伊勢大神宮の大神宮司や他社の神宮司の多くも、つとめる神社の特別な位置付けゆえに、詳細な時期は明確でないが、平安時代前期までには把笏が認められていたと考えられる。だが、基本的には、古代の神職に把笏は許されていなかったのである。

賀茂両社神職の把笏

個別的な神職の把笏が認められるようになったのは、奈良時代末期の天応元年（七八一）のことである。対象は、山城国賀茂御祖《かものみおや》・別雷《わけいかづち》両神社（京都市）の禰宜・祝であった（『続日本紀』）。両社については、和銅四年（七一一）以来、国司がまつりの日に監察する定めとなっていた（『続日本紀』）。当時こうした対処は他社にはない。少なくとも、両社が山城国を代表する神社と位置付けられていたことが、その神職に把笏を認めるひとつの理由だったと見られる。また、神職把笏の前年に、鴨禰宜真髪部津守《かものねぎのまかべのつもり》と呼ばれる人物らが、両社の祭神をまつる賀茂県主《かものあがたぬし》という氏族に編入されている（『続日本紀』）。神社に関わる組織の再編成が行われた可能性がある。地域の安定統治のために、「県主」というかつての首長職に権威を持たせる、あるいは、山城国への遷都の布石を打つ、そういった考えがあったかもしれない。

図25　賀茂御祖神社（京都府）

図26　賀茂別雷神社（京都府）

神職把笏が認められた背景

賀茂両社特有の事情は事情として、そもそも、奈良時代末期に神職への把笏が認められた理由はどこにあったのだろうか。当時、把笏の対象となる職自体が増えており、神職もその流れに乗る形で把笏できた一面はある。だが、それは理由の一つに過ぎない。奈良時代末期は朝廷と神社との関係に変化が生じた時期であった。変化を主導したのは朝廷だが、結果多くの神職は新たな責任を負わされた。

　責任負担の一例は前章「古代神職の職掌」で少し触れている。時は宝亀六年（七七五）、神社を対象とする恒例の朝廷のまつり―祈年祭・新嘗祭と、六月・十二月に行われる月次祭《つきなみさい》―に際し、宮中で用意した幣帛を取りに来ない祝部を、朝廷は解任交替するとの方

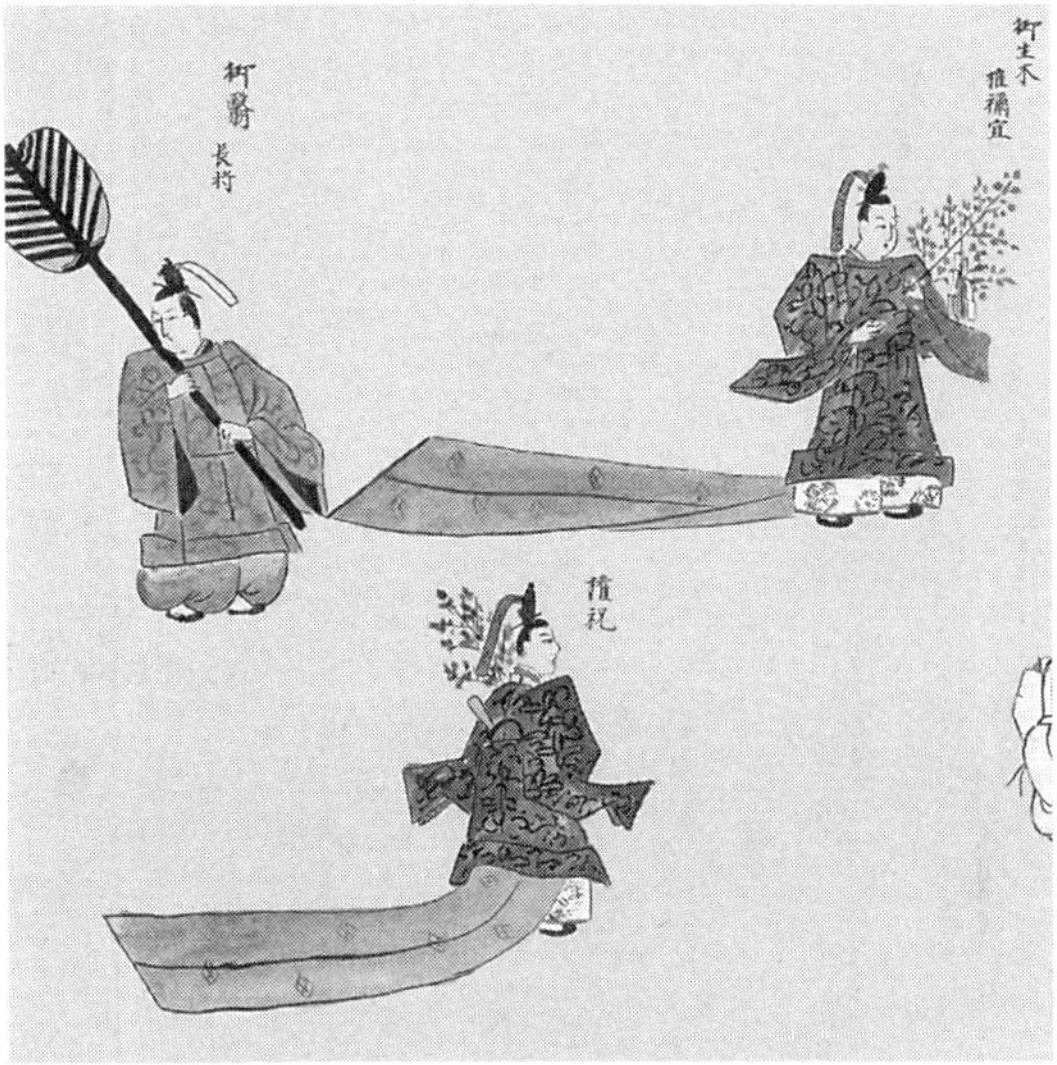

図27　『御蔭祭之図』（國學院大學博物館蔵）

針を打ち出した（『類聚三代格』）。さらなる一例は前々章「平安時代中期以前の神社とその維持」で紹介している。宝亀七年になされた、神社の清掃に関する措置である。清掃に従事しない祝を待ち受けているのは、位の剝奪と交替であった（『続日本紀』）。

二つの事例に共通するのは、神職に朝廷のための務めを確実にさせようと、朝廷自身が意図していた点である。つまり、このころから神職を広い意味での朝廷の一員として見るようになったのであろう。そうした中での把笏容認は、神職の公職的要素を濃くする一環と受け止めることができる。もちろんそれは、公職としての負担増加ではなく、名誉を与えるという、どちらかといえば神職とってよい効果をもたらし得る措置であったことはいうまでもない。

影響力を削がれる神職

神職の公職的要素は、平安時代初期になるとさらに濃くなる。今度は、神職の行動を直接取り締まるのではなく、任用の仕組みそのものが改まった。時は延暦十七年（七九八）の正月、その対象は神宮司・神主、そして神長《かんおさ》――九年後、神長はその名を神主に改めさせられる（『類聚三代格』）――であった。改めた際の命令は、神宮司たちの現状とその対処を次のように示している（『類聚国史』）。これにより、彼らには六年の任期が設けられた。

今聞くところによると、神宮司らはみな、ひとたび任じられると終身そのままである。神を侮り敬わないので、祟《たた》りや咎《とが》がしばしば起こる。天下諸国の神宮司・神主・神長らは、氏の中の清く慎み深い者を選んで任じ、六年交替とせよ。

命令の前半では、神宮司らが終身制であるところを問題視する。問題でなければ、神に対する不敬が起き、神も祟りや咎を加えているといった表現はしないだろう。現代でもしばしば、特定の人物が長く要職に就くことが問題視されるが、延暦十七年より前の神宮司らも同じような目を向けられていたと見られる。

神社運営の責任者的地位にあっただろう神宮司らが、権限の強さと安定した地位を利用し、欲望のままに仕事を怠け、財産を私物化していたとしても、何ら不自然ではない。有力神社の彼らがこうした状況だったとすれば、朝廷にとっては脅威にもなり得ただろう。朝廷はこの対処により、定期的に彼らの人事に介入できるようになった。一部の神社の神宮司の場合は、延暦二十三年（八〇四）に神祇官が人選することになったが（『日本後紀』）、これは、神宮司が六年の任期を終える前に、人事面での影響力強化を図ろうした結果であろう。

さて、六年任期制導入の命令は神社一般を対象としていたが、この延暦十七年には、特定の神職の行動が戒められた。とりわけ、出雲国造は大きな変化を余儀なくされた。国造は神主を兼ねていたため、正月の任期制導入でもすでに影響が出ていた。その上で名指しの命令が下ったのである。まず、四月になると、慶雲三年（七〇六）から認められていた出雲国意宇郡の大領《たいりょう》―郡司の長官―の兼任ができなくなった（『類聚三代格』）。そして、十月には神事の采女《うねめ》を多く任用することも禁じられた（『類聚国史』）。

四月・十月いずれの場合も、神事を理由として、郡司の職務をしなかった、あるいは女子を多く妻に娶った点を非難しての措置であった。ただ、これらはいずれも朝廷の視点からのものであり、地域で問題視されていたかどうかは分からない―現地で政情不安定になっていた状況は確認できないし、一夫多妻は当時珍しくなかった―。朝廷の意図は、政治・社会に対する出雲国造の一族の影響力を高めないようにするところにあったと見られる。

多数の采女を任用することを止められたのは、筑前国宗像《むなかた》神社の神主も同様であった。そして、二年後には、これも出雲国造と同じく、宗像郡大領の兼任も禁止された（『類聚三代格』）。両社については、神職の影響力の制御が集中的に行われたのである。

片や「厳神之宮《いかしかみのみや》」を作り（『日本書紀』）、風土記の編纂にも携われるような―『出雲国風土記』の最後に記された編纂者の名は、当時出雲国造だった出雲臣広島《いずものおみのひろしま》である——、片や貴重な神宝の伴った沖ノ島のまつりに関わるような、彼らの持つ歴史に裏付けされた朝廷との関係や地域への影響力も、名指しの命令を朝廷が下した一因と考えられる。郡の政治の掌握上も、京の朝廷中枢に進上する釆女の確保の面でも衝突が起きかねない、出雲・筑前の両国司の存在を考慮すれば、彼ら神職の影響力は、強くない方が都合よかったのだろう。

神職に求められた資質

延暦十七年を中心とする、平安時代初期の一連の神職制度の改革は、全体的に見れば、いったいどのような意味があったのだろうか。神職の側から見れば、奈良時代末期の流れと同じである。つまり、朝廷に仕える立場にふさわしい職として神職を位置づけようとした結果だといえる。

それは、次のような点からもうかがえる。神宮司らを六年任期制とした際には、採用候補の条件となる人柄を朝廷は示した。「清慎」の者（『類聚国史』）、ないしは「潔清廉貞」でその任に堪える者（『類聚三代格』）というものである。特に前者の、清く控えめというべき資質は、現代の神職でも求められる。

ただ、「清慎」という言葉は、「それ奉公の道、清慎を先とす」といったような表現で、朝廷に仕える者が共通して求められる心持ちを指すことがある（『日本後紀』）。まつりに関係するだけの言葉ではなかった。「潔清廉貞」の「潔清」も、国司に対して、仏教行事の準備の際に取るべき姿勢ともされた（『続日本紀』）。したがってこれらは、神職だから特別に求められていた条件とはいえない。朝廷が神職の資質をはっきりと問うたのは、延暦十七年のこの時が最初であった。現代神職の理想的資質もまた、平安時代初期の公職的要素の高まりの中で求められたものであった。この時期が、神職が公的色彩を一層深めた転機であったのは疑いない。

神階と神職把笏

話を把笏《はしやく》に戻したい。賀茂両社神職の把笏容認から、把笏を認める基準が明確化される斉衡三年（八五六）までの間、一五社の神職に把笏が認められたことが確認できる。ひとことでいえば、対象となった神社は非常に限定的であった。把笏が認められた神職のいる神社は、興味深い特色のあるところが少なくない。

神職把笏の認められた神社の特色

まず、神職組織の面からいくと、神宮司がいる神社が多い。こうした神社は、朝廷の影響力を背景に置いている傾向がある。それだけに、神宮司―先述の通り、すでに把笏を認められていたと考えられる―以外の神職であっても、把笏を許容される環境が整っていた

表10　把笏が認められた神職

年	国	神社名	対象神職
天応元（781）	山城	賀茂御祖神社 賀茂別雷神社	禰宜・祝
延暦20（801）	摂津	住吉坐神社	神主
大同３（808）	伊勢	大神宮 度会宮	大内人
弘仁11（820）	常陸	鹿島神宮	祝・禰宜
承和元（834）	能登	気多神社	禰宜・祝
承和２（835）	越前	気比神社	祝・禰宜
承和３（836）	下総	香取神宮	禰宜
承和10（843）	肥後 河内	健磐龍命神社 枚岡神社	神主等
嘉祥２（849）	山城	松尾神社	禰宜・祝
仁寿３（853）	信濃	南方刀美神社	祝
斉衡元（854）	越中	高瀬神社 二上神社	禰宜・祝

斉衡２年（855）までの確実な事例のみとり上げた.

のであろう。

さらに、神宮司のいる神社と多くは重なるが、交通の要衝に立地する神社も少なくない。延暦二十年（八〇一）に神主の把笏が認められた摂津国住吉坐神社も該当する。同社については、同年準備がはじまった遣唐使との関係性も考慮に入れる必要があろう。遣唐使船の造船所開きのまつりの対象であり（『延喜式』）、関係者に遣唐使の神主がいた（『住吉大社神代記』）同社の祭神はこの時にも重視されており、全ての船が帰還した大同元年（八〇六）には、遣唐使の祈願を理由として、神階が奉られている（『日本後紀』）。

時代が下った、承和年間（八三四～四八）の後半期に神職の把笏が認められた神社は、二通りの理由が推定される。肥後国健磐龍命《たけいわたつのみこと》神社（阿蘇神社　熊本県阿蘇市）は、同時期の阿蘇山の火山活動が影響していたと見られる。その山上に神霊池があり、その枯渇に

図28　阿蘇神社（熊本県）

対応しているからである（『続日本後紀』）。また、平安京近くに鎮座し、祭神の由緒や神職の家系の面で賀茂両社と密接に関わる山城国松尾《まつのお》神社（松尾大社　京都市）や（『本朝月令』）、時の皇太子―のちの文徳《もんとく》天皇―の母系にあたる、藤原氏の祖をまつる河内国枚岡《ひらおか》神社（大阪府東大阪市）の場合は、とりわけ天皇との結びつきの深い神社として位置づけられる。両社はともに、京近隣の神社や、天皇の母系氏神をまつる神社を対象とした公祭《おおやけまつり》の対象であった（『日本三代実録』）。公祭は、朝廷が律令制度の枠組みを越えて行った、特別の神社のまつりである。

なお、斉衡元年（八五四）に、越中国高瀬《たかせ》神（富山県南砺市）・二上《ふたかみ》神（射水《いみず》神社　同県高岡市）の両社神職の把笏については、翌年設けられた把笏容認の基準を先取りした可能性がある。とはいえ、両社祭神は宝亀十一年（七八〇）から神階を奉られていた（『続日本紀』）。国司や地域の勢力との影響もあってか、奈良時代末期から、両社が朝廷にとっての国内神社の代表に位置付けられていた点が、斉衡元年の把笏に結び付いたのであろう。

把笏と神階

それでは、斉衡三年に変わった把笏容認の基準とは、どのようなものだったのだろうか。それは、神社祭神が従三位《じゅさんみ》以上の神位を奉られているかどうかであった。そもそも、神階とはどのようなものだったのだろうか。

現代、稲荷の神をまつる神社などで、「正一位《しょういちい》」という称号が冠されていることがままある。この称号が神階である。よく知られる冠位十二階のような、授けた冠で身分を示す制度の系譜をひくため、「冠《かがふり》」という言葉で神階を表現する場合もある（『続日本紀』）。

そうした由来もあってか、神階はそれぞれの階級の名は人に授けられる位階と同様であった。神階の系統は二つあり、これも人と同様であった。一つ目は、皇族と対応する、一《いっ》品《ぽん》から四品《しぼん》の四段階の品位《ほんい》、二つ目は、それ以外の者と対応する、正一位を最上とする十五段階の神位《しんい》である――品位は皇族と同じ級数だが、神位は人の位の上位半分としか対応していない――。神階は基本的に低い位から高い位へと上がっていくが、段飛ばしで高い位を奉られる例もあった。逆に低くなることは想定されていなかった。

神階は朝廷が個別に奉る。「全ての神はおのずから神階を持っている」といった前提はなく、特定の条件を満たせば神階が奉られたことになる訳でもなかった。したがって、無《む》位《い》の神も存在した。ほとんどの神の場合、無位である理由は、朝廷が存在を重視していなかったためと考えられるが、実は伊勢大神宮の天照大神にも神階は奉られていない。大神の場合は、位階を用意する天皇自身に位階がないのと同じように、位階を奉られる立場にない存在と、朝廷が位置づけていたものと考えられる。

なお、神階は神社ごとに奉る意識があったようで、同じ神であっても、まつられる神社が違えば神階もまた違うというのが基本である。また、一社に二柱以上まつられている場合でも、奉られる神階は一柱だけというのがほとんどであった。ただ、朝廷と密接に関わる神社の中には、別の神社の神と同位だと見なされている祭神が存在したり、祭神ごとに別々の神階が奉られたりした例もある。このあたりは一貫していない。

さて、現代よく目にする正一位という神階は、これより上がらない極《ごく》位《い》である。先ほど、段を飛ばして高い位が奉られることもあったとしたが、平安時代前期までは、いきなりこの極位を奉られることはまずなかった。多くの場合、その最初は神位で最も低い正六位《しょうろくいのい》上《じょう》、あるいはその一級上の従五位下《じゅごいのげ》であった。その上で、一部の神に対し、徐々に高い位が奉られていた。

そもそも、特に高い位を奉られた神は限られていた。仁寿年間（八五一～五三）ごろには、従三位とその一級下である正四位上《しょうしいのじょう》とが、明確に区別されていた。低い神階から一気に従三位を奉った時には、朝廷は「特加」などと呼んで特別扱いすることがあった（『日本文徳天皇実録』）。

神階への関心の高まり

特定の神に限らず、この仁寿年間（八五一～五四）は、朝廷が積極的に神階を奉っていた時期にあたる。仁寿元年には、広く天下諸神—存在を把握している神々全てという意味—に対し、無位の場合原則正六位上を奉った（『日本文徳天皇実録』）。のちに続くしくみによって神階を奉りはじめたのは奈良時代前半だが、仁寿元年の対応は、それまでにない規模であった。

神階を奉った理由は「特に思うことがある」である（『類聚三代格』）。要するに、時の文徳天皇の心中の問題に結びつけている。即位間もない天皇を神に守護してもらおうという意識が働いていたのであろう。自らの孫が皇太子になった藤原良房《ふじわらのよしふさ》の意向があったという見方も有り得よう。少なくとも、神階に対して朝廷中枢が高い関心を示した結果だとはいえる。

斉衡三年の把笏容認の基準として神階が選ばれたのは、このような関心の高まりあってのことであろう。だが、もう少し具体的な事情に迫れないだろうか。それを考えるには、当時の朝廷と神社との目に見える関係を整理する必要がある。先に結果をいえば、平安時代前期は、神社と朝廷との深い結びつきを見いだし難い時代だと評価できる。

神社と朝廷との結び付き

特にまつりの面から見れば、多くの神社と朝廷の結び付きは、この時期に弱まってさえいる。その重大な転機は延暦十七年（七九八）、祈年祭幣帛《へいはく》の用意が、対象神社の国の担当に変わった時である（『類聚国史』）。

後の例からすると、畿内と、それ以外の七道諸国の一部神社は、従来通り神祇官が幣帛を用意し、宮中で班幣を行っていたが、それ以外の大多数の神社は、この時を境に、祝部が神祇官まで幣帛を取りに行く必要が失われた（『延喜式』）。幣帛の用意元を変更した理由は、京から離れた神社の祝部の負担軽減にあった。すでに祝部が幣帛を取りに来なくなっていた時代だけに、現実的な対処ではある。国司次第で神社の意欲も高まったであろう。だが、この変更によって、多くの神社―それらの神社にとって、朝廷が毎年幣帛を用意するのは祈年祭だけである―が京の朝廷中枢との数少ない接点を失ったのは、厳然たる事実である。

この他、大嘗祭《だいじょうさい》の時に行われる天神地祇への幣帛奉献を考慮すべきだが（『儀式』）、このまつりは天皇即位時に臨時に行われるものなので、神社と朝廷との関係を深める要素にはなり難い。こうした結び付きの弱さは、社殿作りの場合と同様だといえよう。平安時代、基本神社任せであったことは述べて来たとおりである。

神階の特典としての把笏

目に見える特典となると、神階もほとんどない。例えば、位を授けられた人であれば、位階に対応した位田《いでん》を得られる。だが、神階を奉られた神が位田を充てられる例はほとんどなく、あったとしてもごくわずかであった。一例をあげると、正二位であった能登国気多神社の神に対して、仁寿三年（八五三）に奉られた位田の広さは二町（約二ヘクタール）であった（『日本文天皇実録』）。正二位の人が授けられるべき位田六〇町（『令義解』）とは比較にもならない。結局のところ、ほとんどの神社が神階で得られるのは、形のない名誉が主であり、物としては位記《いき》という、神階を示した紙が唯一であった。それは重要な文書であり、多くの人が手にする、目にする性格のものではなかった—冠自体を奉られていた可能性もあるにはあるが、仮にそうだとしても同じことである—。

だが、そのような中でも、承和年間（八三四〜四八）から、神階を求める目立った動きが見られるようになる。その原動力は国司であった。延暦十七年以降、神社と京の朝廷中枢との接点が数少ない中で神階は、その数少ない接点であった。そして、朝廷の地方機関である国司にとって、神社に対して自らの権威を示すためには、京で決める神階に頼らざるを得なかった。仁寿元年に奉られた天下諸神への神階についても、文徳天皇の個人的発意とされてはいるが、こうした諸国からの神階への関心が決定を後押しする要因となったであろう。

把笏と神階が連動するようになったのも、神階のしくみと国司の存在が一因と見てよいだろう。関心が高まれば高まるほど、必然的に目に見える神階の効果が求められることになる。そうした中で、神職の存在によって朝廷の結び付きを例外的に示せる把笏が求められ、神階と連動するようになったと考えられる。斉衡三年に神職が把笏できる神社は増えたが、それは当時の神階重視の時流に後押しされた結果だといえる。

七道諸国の三位以上の神社

ここまでの流れで、把笏容認の基準に神階が選ばれた事情はある程度了解できたかと考えるが、従三位以上を奉られた神社はどのような神社だったのだろうか。斉衡三年までに、確実に従三位以上の神階を奉られて

表11　斉衡3年（856）までに従三位以上に叙された神

国など	神
宮　中	園神　韓神
山　城	賀茂御祖神　賀茂別雷神　松尾神　平野今木神
大　和	高天彦神　春日建御賀都智命神・伊波比主命神・天児屋根命神　大和神　石上神　大神神　葛木坐一言主神　葛木御歳神　広瀬神　龍田神　金峯神
河　内	枚岡天児屋根命神　恩智神
摂　津	住吉神
尾　張	熱田神
駿　河	浅間神
安　房	安房神　天比理乃咩命神
下　総	香取神
常　陸	鹿島神
信　濃	建御名方富命神　前八坂刀売命神
越　前	気比神
加　賀	白山比咩神
能　登	気多神
越　中	二上神　高瀬神
出　雲	熊野神　杵築神
備　中	吉備津彦神
筑　後	高良玉垂神
豊　前	八幡神　比咩神
肥　後	健磐龍命神

いた神を【表11】に示した。都合四一柱、一社に神階の高い祭神が複数まつられている例もあるので、神社ごとに数えると三八社である。実際のところ、これより多くの神が従三位以上の神階を奉られている可能性があるが、明確なものだけに絞っている。なお、従来把笏を許されていた神職の神社の祭神は、伊勢大神宮を除き全て従三位に叙されていた。

　朝廷が重視していたという以外に、従三位以上の神社の明確な共通点は導き出し難い。だが、先立って個別に把笏を認められた神社がそうであったように、ある程度の共通性はある。内容も同じで、七道諸国の神社のほとんどは、交通の要衝か、あるいは際立った地形の場所となる。

　とりわけ、山と関わりのある神社は少なくない。先に紹介した出雲国の熊野・杵築両社や肥後国の健磐龍命神社の他にも、駿河国の浅間《あさま》神社（富士山本宮浅間大社《ふじさんほんぐうせんげんたいしゃ》　静岡県富士宮市）の神が富士山の火山活動と関係したとされ（『日本三代実録』）、加賀国白山比咩《しらやまひめ》神社（石川県白山市）は社名に山の名があり、筑後国高良玉垂《こうらたまたれ》神社（高良《こうら》大社　福岡県久留米市）は、神の別名が高良山玉垂神とされている（『日本文徳天皇実録』）。この他にも山に鎮座する神社は少なくない。山はその土地の象徴となる場合が少なくない。それに加えて、富士山や阿蘇山、そして白山のように（『続日本紀』）、奈良・平安時代に火山活動のあった山

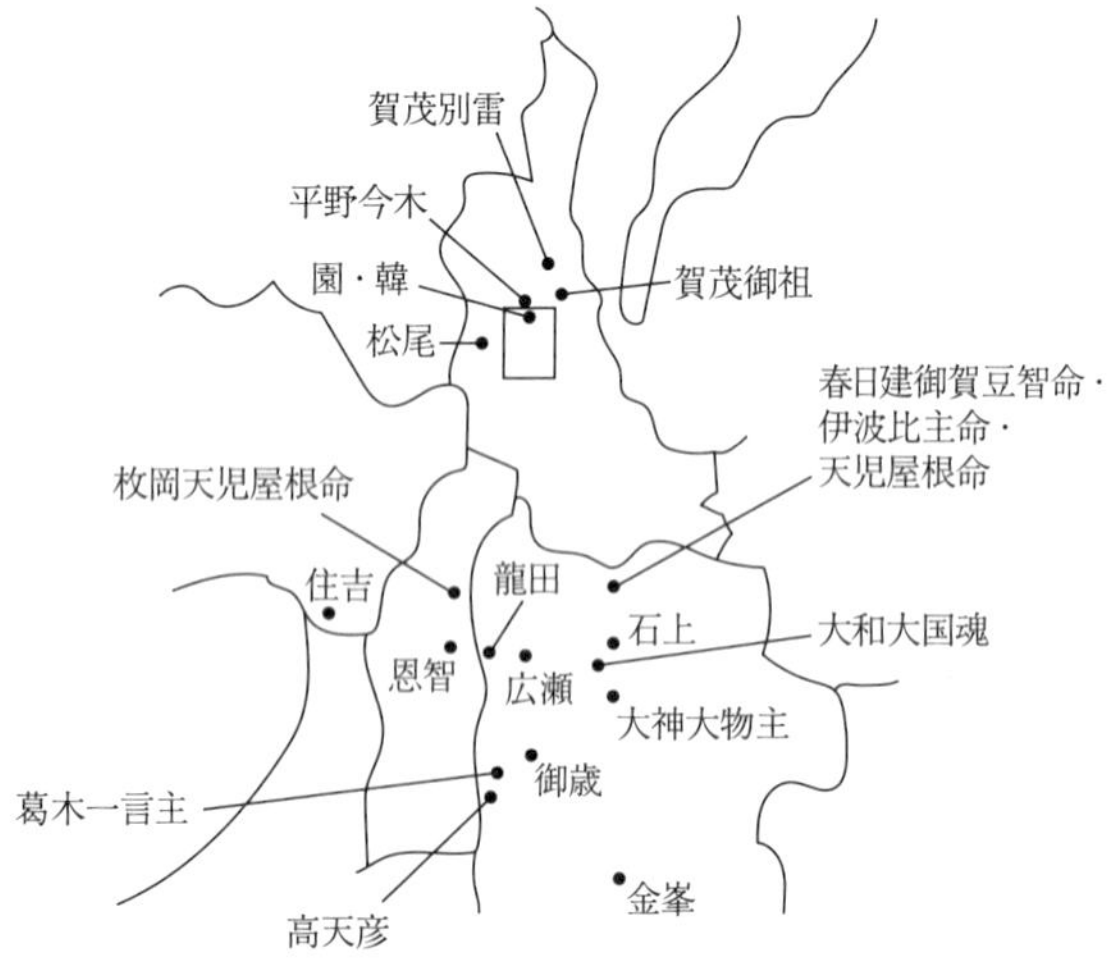

(確実な神のみ示した，位置は論社の確定を意味しない)

図29　斉衡３年（856）までに従三位以上の神階を奉られた神

図30　富士山本宮浅間大社（静岡県）

はある。象徴的であるために、神の力へのおそれもまた強く働いた結果が、従三位以上の神階が奉られた一因だといえる。

畿内の三位以上の神社

一方、畿内のうち、宮中と山城国は、公祭の対象となっている神社である。そのうち平野神社（京都市）は、平安京の北の郊外に鎮座しているばかりでなく、桓武《かんむ》天皇の母系氏神をまつっている。母系氏神では大和国春日神社が特に高位であった。主祭神の建御賀豆智命《たけみかずちのみこと》・伊波比《いわい》主命《ぬしのみこと》の両神は、嘉祥三年（八五〇）に極位正一位を奉られた（『日本文徳天皇実録』）。同社の春日祭もまた公祭である。

だが、大和国の場合、公祭の対象であった神社はむしろ少数派であった。律令に定められたまつりの主対象となる神社―広瀬《ひろせ》神社（広瀬大社　北葛城郡）・龍田神社―の祭神や過去の天皇との直接的な関わりをもったと、『日本書紀』に記された神社の神も、従三位以上の神階を奉られている。崇神天皇の在位中にまつり方を変えたことで創建されたという大和神社、垂仁天皇の意で神宝の管理が行われたとされた石上《いそのかみ》神社（石上神宮　天理市）の神々があてはまる。とりわけ、大神神社の大物主神は、律令に定められたまつりも、公祭も主対象であったが、先述の通り、崇神天皇の在位中にまつりを行ったともされている。

さらには、大和盆地南西部の葛上《かずらきのかみ》郡の神社が多いことがあげられる。高位の神階を奉られた決め手を探るのはかなり難しいが、葛木御歳《かずらきのみとし》神社（かつらぎみとし）（御所市）は祈年祭で特に白猪・白馬・白鶏を奉る対象であった可能性があり（『古語拾遺』）、葛木坐一言主《かずらきにいますひとことぬし》神社（葛城一言主神社《かつらぎひとことぬし》　同市）の一言主神は雄略天皇が狩りの折にまみえたとされ（『日本書紀』）、高天彦《たかまひこ》神社（同市）は大同元年（八〇六）に吉野《よしの》皇太后―光仁《こうにん》天皇の皇后であった井上《いのうえ》内親王。不遇の死を遂げたためか、当時は祟りが意識されていた―の願いを理由に朝廷のまつりの面で厚遇されていた（『日本後紀』）。祭神が高位の神階を奉られた葛上郡の神社は、個々の理由で朝廷との結びつきを持っていた。

その他の大和国の神社で特筆すべきは、金峯《かねのみたけ》神社（きんぶ）（吉野郡）であろう。朝廷のまつりの面で特に重視されるようになったのは、ちょうど文徳天皇の時代である（『日本文徳天皇実録』）。大峯《おおみね》修験といわれる山岳信仰の拠点となった同社は、仏教に帰依した人々が主たる担い手になった信仰によって注目を集めたと考えられる。平安時代前期の段階では、仏教との関係が密な神社は至極当然に重視された。なお、先ほどとりあげた、七道諸国の山に関連する神社でも、そうした山岳信仰との関係性が想定できるところがある。

笏の新たな効果

ここまで、従三位以上の神階を奉られた神の神社の事情を整理してきた。伝統的に朝廷とのかかわりが深い神社ばかりでなく、公祭の対象神社、さらには山岳信仰の拠点と考えられる神社もあった。ひとことでいえば、従来の制度の枠にとらわれない形で、朝廷が時の重要な神社を選んだ結果が、従三位以上の神階を奉ることに結び付いたのであろう。現代の視点からすれば神階は、平安時代前期の朝廷の神社の重要度を知る上で、極めて重要な指標となるのは確かである。

この神階と連動するようになった斉衡三年、神職にとって笏を持つことの意味は変わった。誰でもよいということではなく、広い意味で朝廷に仕える男性に限定されてはいたが（『類聚三代格』）、把笏する神職は、その人物だけではなく、祭神を朝廷が重視している証しとなった。把笏の効果は神社の威厳をも高めたのである。笏が神社神職の象徴となった決定的転機として、この斉衡三年は位置づけられよう。

把笏抑制とその影響

増える把笏する神職

斉衡三年、把笏と連動することになった神階。数は多くないが、朝廷はこの年以降も神階を奉り続けた。筑前国宗像神社のように、文徳天皇在位中に従三位以上の神階を奉られた例もある（『日本文徳天皇実録』）。従三位以上の神の神社が増えるということは、把笏が認められる神職の数も増えるということでもある。

次の清和《せいわ》天皇の時代になると、神階は再び積極的に神に奉られた。貞観元年（八五九）正月には、天下諸神ではないが、二六七社もの祭神に神階を奉ったとされる（『日本三代実録』）。そして、その貞観元年から貞観十年六月までの間に、新たに従三位以上の神階を奉られたと確実に分かる神も三五柱に及んだ—神社、そして官司や邸宅、寺院ごとにまとめると二五か所と勘定できる—。正四位上以下の神階が奉られる状況と比較すれば明らかに抑制的だが、従三位以上の神階を奉られた神は十年で実に一・六倍、場所単位で見れば一・五倍に増えた。積極度がよく分かる。

把笏神職の抑制

先ほど述べた通り、神が従三位以上の神階を奉られれば、当然把笏できる神職も増えていく。しかもこの時代、神社一社あたりの神職の人数に上限はなかったので、把笏できる神職の増加にかませる歯止めはなかった。こうした状況は朝廷内部で問題視されるようになった。時は、先ほど神を数える際に区切った、貞観十年六月である（『類聚三代格』）。

国司はひたすら霊験を主張し、爵位を増せと請います。二三年の間に、ある神社は三位以上に叙されました。こういうわけで、諸国の朝廷に仕える人はみな禰宜・祝に任ぜられ、把笏をしない人はいません。仕事をさせる人に乏しいのはこのためです。よくよく物事の状況を調べると、諸社では祝がいて専らまつりをつかさどり、禰宜に至っては職があってもつとめがありません。

朝廷の懸念は行政の停滞にあった。そこで、朝廷に仕えるべきでありながら、つとめのない禰宜となる者、いい方を変えれば、把笏することで外見だけ官僚然としている者に目を付けたのである。朝廷で検討された対策は次のようなものであった。

先に置いた神社を除くほか、新たに三位以上に叙された神社の禰宜は、天長二年（八二五）十二月二十六日の命令により、把笏をやめ女を任じてください。そうすれば公益があり、神社に損はありません。

このくだりで注目できることはいくつかある。まずはこの対策の効果についてである。対策を提案する局面でも「公益」に言及しているので、この把笏抑制策の目的が、行政機能の改善のためであることは間違いない。朝廷は、神社内の実情を問題視したのではなかったのである。

それを裏付けるかのように、神々の神階は上昇の一途をたどった。仁寿元年（八五一）・貞観元年にあったような、数多の神を対象とした神階の一斉奉献を、朝廷は寛平九年（八九七）の醍醐《だいご》天皇即位時にも行っている（『日本紀略』）。もちろん個別にも奉り続けた。当然、従三位以上の神の神社も増えたが、その神職の把笏を食い止めるような命令を、以後朝廷は下していない。貞観十年の命令は、神職把笏を抑制する決定打ではなかったのである。

把笏関連政策の神社への影響

その貞観十年の命令の次なる注目点は、神職の職掌に関する朝廷の認識である。この時朝廷は、祝がまつりをつかさどり、禰宜はつとめがないと評価した。男性に祝になる道を閉ざさなかった理由は、この違いに注目したからである。祝であれば、つとめがある以上、笏を持って何もしない存在にはなり得ない。この祝がまつりの中心という見方は、先述の通り、天長二年にはあったもので、貞観十年もこれを受け継いでいる。

ところで、神職としては、神主が存在していることを想定する必要もある。神主は、禰宜や祝とともに、斉衡三年の把笏の対象でもあった（『日本文徳天皇実録』）。ただ、神主については、同じ貞観十年に、(1)国司が決めた候補の任用、(2)官職に就いた人物の兼帯禁止、(3)人事評価の国司への管轄変更、以上三つの点が定まった（『類聚三代格』）。ひとことでいえば、人事に対する国司の影響力を増す効果があった―(2)は分かりづらいが、官職に就いていなければ、国司の立場は相対的に強くなる―。この措置によって神主は、多くの神社の祝や禰宜と同様の取り扱いを、朝廷から受けることになる。しかも神主には、延暦十七年に六年任期制が導入されていた。当時の朝廷の方針から、神主を特に重視する姿勢は見いだし難い。

このように、貞観十年の段階では、朝廷は祝を神社神職の基本と位置付けていたようである。ただ、いずれにせよ、こうした方針が、神社神職のあり方を変える原動力にはなり得なかった。把笏対象の神職は朝廷のまつりの担い手であるに過ぎず、それ以外にもまつりを行う神社内部では、必ずしも彼らが頂点に位置付けられる必要はない。

とはいえ、笏が持てるとなると、朝廷に任じられた神職が神社の中心的存在になる可能性が高くなる。祝や禰宜、そして神主が神職の代表格でありつづけた一因でもあろう。

ところで、貞観十年には、新たに従三位以上の神階を奉られた祭神の神社の禰宜に、女性を任用することになった。連続的に確認できる仁和三年（八八七）までの二十年弱の間、措置の対象となったのは十六社十九柱である―ただ、禰宜に女性を任用する実例は確認できない―。女性の禰宜については、天長二年の時点ですでに、祝と禰宜が並存している「小社」、つまり一般的な神社を対象に、任用が義務づけられていた（『類聚三代格』）。朝廷の女性神職任用に対する姿勢は、積極的なようにも受け止められる。

それでは古代、神社のまつりで女性はどのような存在であったのだろうか。

古代神社の女性神職

神の意を受ける女性

二通りある女性神職の役割

貞観十年（八六八）の把笏《はしゃく》抑制の命令、そして、その前提となった、天長二年（八二五）の命令からは、女性の禰宜任用に対する朝廷の積極性とともに、神社のまつりへの女性の関与を認める環境があったことを読みとれる。

文献に基づき、女性神職のつとめを確かめると、二通りの特色あるものが見いだせる。一つ目は神の意を受ける役割、二つ目はまつりで神のためにつとめを果たす役割である。前者は分かりづらいかもしれないが、ひとまず伊勢大神宮の斎王《さいおう》――「いつきのひめみこ」ともいう――をとりあげて、その役割を具体的に説明していきたい。

伊勢大神宮の斎王

斎王とは、そのまつりに仕える務めを負った、天皇の近親で未婚の女性皇族である。皇族の称号に合わせて「斎内親王《さいないしんのう》」とも呼ばれることがある。また、伊勢国に置かれた居所の名である「斎宮《さいくう》―こちらは『いつきのみや』とも呼ばれる―」という名で呼ばれることも少なくない。

就任、帰任の経緯から見て、天武天皇の子である大来《おおく》皇女が斎王だった飛鳥時代には、後に続くような制度に基づいていたと考えられる（『日本書紀』）。斎王は伊勢に赴く前、年単位で斎戒の伴う日々を過ごし、遣わした天皇の代替わりの時には、その任務を終えることになっていた（『延喜式』）。『日本書紀』に見る大来皇女の動きは、その流れにおおむね沿っている。律令に定めるまつりや式年遷宮と同様、斎王の制度も天武天皇の在位中（六七二〜八六）に基礎固めがなされたと見られる。

斎王を遣わす意義を深読みすることはいくらでもできよう。ただひとまず、代々の斎王と天皇との血縁関係からすれば、『日本書紀』に記された伊勢大神宮の鎮座の由緒に登場する、垂仁《すいにん》天皇の皇女である倭姫命にならったと考えて差し支えなかろう。命は天照大神の「御杖《みつえ》」と位置付けられ、実際、各地の巡行に付き従ったとされる。一方、斎王は御杖《みつえ》代《しろ》―神の杖代わり―と呼ばれていた（『類聚国史』）。御杖としての共通性は、斎王が倭姫

図31　斎宮跡　復元正殿（三重県）

命の前例にならっているという認識のもとで遣わされていたことを物語っていよう。もっとも、現実には、内外両宮で行われるまつりでの、神への拝礼が、最も重要な職掌であった。

斎王の職掌

斎王は日常、先に紹介した通り、内宮から北西に一四キロ弱離れた斎宮（多気郡）を居所としていた。斎宮の跡からは、飛鳥時代の遺構が検出されているという。斎宮で斎王は、斎戒と内々のまつりを行う日々を過ごした。斎戒は、身体の凶事や仏教に関する言葉を別の言葉—忌詞《いみことば》—にいい換えるところにまで及んだ（『延喜式』）。

『皇太神宮儀式帳』によれば、伊勢大神宮へは六月・十二月の月次祭と九月の神嘗祭の時に参るだけであった。対象のまつりは古代から他と区別され、三節祭《さんせつさい》と呼ばれていた。稲の収穫のまつりの神嘗祭は、そのための幣帛が特に天皇から奉られるので、月次祭とは別格なのだが、まつりの基本的な構成は、三節祭共通である。

三節祭の構成で注目すべき点は、二つの儀礼に分かれているところにある。神前に直接食物を奉る―通常、食物は天照大神に対するものであっても、外宮の御饌殿《みけでん》で奉られる―由貴大御饌《ゆきのおおみけ》の儀と、幣帛を奉る奉幣《ほうへい》の儀である。内宮・外宮ともに行われ、前者は夜半、後者は翌昼という儀礼の段取りは変わらないが、外宮がそれぞれ一日先―三節祭全て外宮は十五日夜、内宮は十六日夜から―になる。

斎王はこれら二つの儀礼のうち、夜半の由貴大御饌の儀には出ない定めとなっていた。志摩国の鰒や螺など、地元の食材を用いる儀礼（『皇太神宮儀式帳』）は、天皇から遣わされた斎王のあずかり知るところではなかったのである。参じたのは続く奉幣の儀である。この時、斎王は神のまつられる正殿近くに赴き、太玉串《ふとたまぐし》を奉り拝礼することになっていた。太玉串とは、榊に木綿を付けた（『延喜式』）、気持ちの証となり得る物である。

秘められたつとめ

今述べたのが、制度化されたまつりでの斎王の職掌である。だが、斎王が習うべき倭姫命には、今ひとつのつとめがあった。『日本書紀』は、倭姫命が神懸かりしたとし、神の意で伊勢大神宮の地に鎮座したとしている。いいかえると、倭姫命は神の意を受ける能力があったということに他ならない。

整備された制度のもとでは、斎王が神の意を受ける職掌として位置付けられていたかどうかはっきりしない。だが、平安時代であっても、朝廷に重視されていた神の意が、女性を通して伝わり、それを朝廷が認める事件があった。時は延暦二十四年（八〇五）、意を発したのは大和国石上神社の祭神、受けたのは平城京の女性の巫《かんなぎ》であった。時の桓武天皇の体調不良の原因が、同社神宝の移動にあると、巫の託宣によって判断した天皇はまず、祭神の鎮魂をし、その後神宝を元に戻すなどの対応を行ったのである（『日本後紀』）。巫は神社に属しておらず、しかも当時、彼女のような存在はしばしば取り締まりの対象にもなっていた。そうした者の託宣であっても、時と場合によっては信じられたのである。そうであれば当然、斎王にも神の意を受けるという、秘めたつとめがあったと見て差し支えなかろう。

話は横道にそれるが、時代は下り、長元四年（一〇三一）、荒祭宮《あらまつりのみや》の神―内宮の北隣でまつられる天照大神の荒魂―の託宣を時の斎王嫥子《せんし》女王が受け、その内容により斎宮運営の長である斎宮寮頭《さいくうりょうのかみ》とその妻が罪を問われ、結果流されるという事件が起きた（『小右記』）。記録を留めた貴族の藤原実資《ふじわらのさねすけ》は前代未聞のこととしたが、斎王が神の意を受け得る存在と、潜在的であれ意識されていたから、託宣が信じられたのかもしれない。

賀茂の斎王・春日の斎女

平安時代初期には、山城国賀茂両社のためにも斎王が置かれた。未婚で天皇の近親の女性皇族である点は、伊勢大神宮の斎王と変わらないが、こちらは天皇の代替わりにあわせて必ず交替するわけではなかった。斎王は四月の賀茂祭―現代は五月に行われ、「葵祭」と通称される―の際に両社に参るが、日常は斎院《さいいん》と呼ばれる場所で、伊勢の斎王と同様、斎戒しながら、その中でのまつりを行っていた。平安京近くの重要な神社として位置づけられたことが斎王の置かれた要因と見られるが、斎院司《さいいんし》という名の、斎王に関わる行政を管轄する部署の整備が弘仁九年（八一八）に行われているので（『類聚三代格』）、時の嵯峨天皇の後押しが、賀茂両社の斎王の地位確定に大きな役割を果たしたと考えられる。ただ、肝心の斎王がはじめて神に仕えた時期については、平安時代中期の段階で、延暦十二年と嵯峨天皇の在位中（大同四年〈八〇九〉～弘仁十四年）との両説があった（『本朝月令』）。

賀茂両社の斎王は、神に対しては「あれおとめ」と称され、天皇から奉られる存在であった（『類聚国史』）。「あれ」という言葉は、朝廷が用意する品にも用いられる（『延喜式』）。

図32　大原野神社（京都府）

斎王には専ら神のために仕えるという精神が反映されている。斎戒の日々は、まさに仕える神のためである。

大和国春日神社と山城国大原野神社（京都市）でも、一時期同じような立場の女性がいた。斎女《さいじょ》と呼ばれ、最初にその存在が確認されるのは、貞観八年（八六六）のことであり、その三年後には、春日祭にあわせて神社に参ったという記録もある（『日本三代実録』）。伊勢・賀茂の斎王との違いは、「王」がつかないことからも分かるように、藤原氏の女性がその任に就いていたところにある。春日・大原野両社の祭神は藤原氏の氏神である以上、至極必然の成り行きではある。

斎女は斎王にならって、朝廷が制度化した

と見て差し支えなかろう。斎女もやはり神に奉る形を取っていた（『日本三代実録』）。斎女が置かれた直接的な理由は、朝廷の安泰と天下の無事であったと分かるが（『日本三代実録』）、当代の清和天皇のみならず、多くの天皇の母系の氏神であったから、そして、時の権力者が清和天皇の外祖父である藤原良房だったからだという一面もあろう。

斎女はどのように神に仕えたのであろうか。春日祭の儀式次第には、斎女がまつりの場に赴く行列と、その場の座に着く時機が定められている（『儀式』）。ただ、具体的なまつりの所作については触れられていない。なお、春日祭は春二月と冬十一月の年二回行われるが、斎女が仕えるのは二月だけであった。斎院の存在が確認できるので（『日本三代実録』）、これまた斎王と同様、普段は特別な斎戒の生活をしていたと見られる。

なお、貞観十一年の春日祭でつとめを果たしたのは藤原可多子《ふじわらのかたし》という。斎王と同じく、準備となる斎戒の日々を経てまつりの日を迎えたのであろう。だが可多子は喪に遭い、貞観十七年にはすでにその任にはなかった。この際、神が斎女を欲して干害が起きたとされたので、改めて藤原意佳子《いかし》を斎女に任じた（『日本三代実録』）。ただ、以後の明確な記録は残っておらず、斎女の制度は早くに廃れた可能性が高い。意佳子は高級貴族藤原良世《ふじわらのよしよ》の子である。可多子の親は不明だが、意佳子と同程度の身分だったと考えられる。託宣が信じられていたとはいえ、神の意を日常的に受けることがあたり前ではない時代、権勢ある貴族の娘が斎女として斎戒の日々を過ごし、限られたまつりへの奉仕を主とする生活を送ることに、何らかの困難を感じる向きがあったのかもしれない。

宇佐宮の尼の禰宜

さて、斎王や斎女とは異質の存在だが、同じように神の意を受けていたと見られる神職が豊前国宇佐宮にいた。奈良時代の東大寺大仏作りに深くかかわった彼女の名は大神杜女《おおがのもりめ》といい、禰宜の任にあった。『続日本紀』は彼女の栄枯盛衰についていくらか記録を残している。その最初は天平二十年（七四八）の位階の授与だが、その次は、朝廷にとって重大な事件の当事者としての登場である。翌天平勝宝元年（七四九）、祭神である八幡神《やわたのかみ》は平城京に向かった。それは、八幡神が、神々を率いて東大寺の大仏作りを完成させるのだと託宣したことによる。

神の平城京入りの後、杜女は東大寺に拝礼した。その時、八幡神に一品、比咩神《ひめかみ》に二品《にほん》の神階が奉られたのだが、杜女自身も従四位下《じゅしいのげ》の位階を授けられた。神も高い神階を奉られたが、杜女の授けられた位階も、神職としては前代未聞といってもよいだろう──延暦二十三年（八〇四）時点の伊勢大神宮司の位階が正八位下《しょうはちいのげ》、男女の違いはあるが、杜女より十四階下である（『皇太神宮儀式帳』）──。

図33　宇佐神宮（大分県）

ところで、『続日本紀』によれば杜女は尼とある。要するに、尼が禰宜と称しているのである。大仏作りに貢献しようとする神の神社ならではともいえよう。注目すべきは、朝廷も彼女を禰宜としているところである。宇佐宮を仏教の拠点化させた担い手の中に朝廷は含まれる。確実なところでは、天平十三年に朝廷は、経を納め、出家できる者を神のために奉仕させ、さらに、三重塔を作るよう定めている（『続日本紀』）。八幡神に対する仏教組織の関わりは、朝廷の後押しがあってこそのことである。

ただ、尼でありながら禰宜と呼ばれる他の例は、少なくとも古代は確かめられない。禰宜の職掌を意識しながらその理由を考えると、神の意を受けられる能力を持つ者として、杜女の存在が浮かび上がる。彼女の活動していた時には、大仏関係だけでなく、朝廷中枢の人事に関する託宣もあった（『続日本紀』）。結局のところは、宇佐宮の禰宜に期待するところも、斎王と同じだったと想定できる。

だが、東大寺に赴いて五年後、杜女は日向国（宮崎県）に流された。その具体的理由は定かではないが、ともに流された主神大神多麻呂が厭魅《えんみ》、つまりまじないで人を害することで罪に問われているため、彼女は神の力を背景に、政治的陰謀に加担したとされたのだろう。他方、流されてほどなく、宇佐宮の経済基盤となる封戸・位田を朝廷に返すことになったので、宇佐宮の勢力を削ぐきっかけとするために、神の意を示すことで影響力のあった杜女を取り締まった可能性もある。最終的に多麻呂は許され、神宮司となった一方で、杜女は罪をひとりで負うことになった（『続日本紀』）。

いずれにせよ、杜女の境遇は、神の意を受けるとされる女性の影響力の大きさを、よくも悪くも示している。望んだか否かは別としても、受けた意が朝廷に関わっていたがために、彼女の栄枯盛衰の道は劇的な起伏となったのである。

話を伊勢大神宮の話に戻したい。先ほどは斎王が神の意を受け得る存在だと指摘をしたが、その斎王は、三節祭で内外両宮に参ずる際、神と密接には関わらない。内宮の場合、斎王が神に拝礼をする場所は内玉垣《うちたまがき》の門である。要するに、斎王は正殿に入ることはおろか、正殿から数えて三つ目の垣根の出入り口までしか近づけない定めであった。だが、持っていた太玉串については、正殿を直に囲む瑞垣《みずがき》の門まで届く。それは大物忌《おおものいみ》という神職が斎王の太玉串を運んだからである（『皇太神宮儀式帳』）。

大物忌

伊勢大神宮の物忌には、「宮守《みやもりの》物忌」「酒作《さかつくりの》物忌」などと、職掌に関連する名を冠した者もいるが、そうした具体的な名を持たない大物忌が登場するのは、まつりの重要な局面である。延暦二十三年（八〇四）の段階で、内宮では神主《かんぬしの》小清女《おきよめ》なる人物がその任にあった。童男の別の物忌もいたが―延暦二十三年時点は宮守物忌が童男であった―、大物忌に関しては、倭姫命の代わりに、川姫命《かわひめのみこと》が大神を守ることを定めたとされる（『皇太神宮儀式帳』）。この伝承によれば、大物忌が童女であることが示唆されているし、実際童女を選ぶ定めもあった（『延喜式』）。なお、父も神に仕えた。名はそのまま大物忌父《おおものいみのちち》という。

まつりでの大物忌

大物忌は、まつりでどのような役割を担っていたのであろうか。先にも触れたように、斎王から太玉串をうけ、それを瑞垣の門まで持参する。ただ、それだけではない。神嘗祭の場合、斎王の拝礼に続く奉幣の際には、御鎰《みかぎ》を持って瑞垣の内側、正殿のある内院に入る。御鎰とは正殿の扉の鍵である。朝廷の幣帛を正殿に納めるため、錠を解き、扉を開く必要があるが、大物忌はその最初に必要な道具を持っていたのである（『皇太神宮儀式帳』）。実際に扉を開けるのは禰宜の務めである。だがそれは扉の大きさや重さを勘案しての役割分担であろう。つまり、御鎰を持つ大物忌は、神の最も近くでまつりに奉仕する存在として位置づけられていたと見てよかろう。

大物忌はこの他にもつとめがあった。三節祭の由貴大御饌の儀の際にも、米を炊く役割

図34　平安宮宮内省跡（京都府）

を担う。由貴大御饌の儀の最も重要な目的は食を奉ることである。その中でも米は最も大事な品だといえる。つまり、大物忌はこの局面でも重要な役割を担っていたのである。神に奉る際の具体的な所作は、『皇太神宮儀式帳』からは明らかにできないが、炊いた米を直接奉っていた可能性もある。なお、他の物忌の中にも食を奉る定めの者がいた。

さらに、式年遷宮の時にも大物忌は重い役割を担っていた。核心ともいうべき御形遷宮で、新しい正殿にはまず御装束を納めるのだが、大物忌はこの時、正殿の扉に最初に手を触れる―実際に開けるのはやはり禰宜である―。そして元の正殿に移り御形を遷すことになるが、ここでも大物忌は扉に最初に手を触れる定めであった（『皇太神宮儀式帳』)。

ここまでの話から分かるように、大物忌はまつりの時、最初に神に接する、あるいは核となる行事に関わる役割を負っていた。童女でありながら、重要な役目である。

諸社の御巫・物忌

実際のところ、伊勢大神宮に限らず、朝廷はまつりを童女に積極的に行わせていた。宮中の神社のまつりでは、童女の任じられる御巫が活躍していた。園《その》神社・韓《から》神社で二月と十一月に行われる園《その》・韓神祭《からかみのまつり》では、代表して拝礼し、祝詞も読み、神楽をした(『儀式』)。一般的にこれらがなされればまつりは成立しよう。つまり、御巫は一人でまつりを完結させるだけの役目を負っていたのである。なお、同祭はこの他にも物忌や、湯立舞《ゆたてまい》——おそらくは沸かした湯を撒きながら舞う——を行う御神子《みかんこ》などが登場する。ともに童女である可能性は高い。

御巫は神祇官がまつる神々にも仕えていた。具体的には、まつる神に対応して、御巫——大御巫ともいう——・座摩巫《いかすりのかんなぎ》・御門巫《みかどのかんなぎ》・生島巫《いくしまのかんなぎ》がおり、毎年九月にまつりを行い、祈年祭でも幣帛を神前に奉る役目を負っていた(『儀式』)。原則御巫は任に堪え得る一般女性が選ばれた——座摩巫だけ選ぶ氏族を限っていた(『延喜式』)——。朝廷もまた、まつりの重要な局面を、童女に託していたのである。

伊勢大神宮や宮中に限らず、女性神職はいた。大和国春日神社にも、斎女だけでなく童女の物忌が神に仕えた。この物忌は二・十一月の春日祭に先立ち神殿内を掃除し、まつりの時には朝廷の使から受けた幣帛を神殿に納めるつとめがあった（『儀式』）。物忌は夾纈《きょうけち》の絹の着物を身にまとっていたようで、履物は錦を使っていた（『延喜式』）。夾纈とは布を板で挟み込んで色を染めた布地で、左右あるいは上下対称の文様がある。そのいでたちは色鮮やかであったことだろう。

この他にも物忌は存在した。『延喜式』には、山城国賀茂両社・松尾神社・平野神社・大原野神社、河内国枚岡神社、下総国香取神宮、常陸国鹿島神宮の物忌の存在を確かめられる。名は違うが、賀茂両社の忌子《いみこ》という名の神職（『延喜式』）も女性とされる。いずれもまつりの際には、神近くにいたと考えられる。

女性神職の地位とその変化

今まで紹介してきた神社には、さらに別の職掌の女性もいたりもする。だが、そもそも神社自体が、朝廷との関わりが密接なところばかりである。他の神社ではどのような状態だったかという疑問は生じよう。だが、その実情を示す材料は乏しい。

しかし、神社の組織や、まつりのあり方について、一番影響力の大きい朝廷であっても、基本的には介入しなかったことを踏まえると、女性神職の関わり方は、神社によって千差万別であっただろう。神社の中には、伊勢大神宮の斎王のように、神の意を受けるために控えている者も、大物忌のように、神近くでつとめを果たす者もいたであろう。彼女らの社内での地位もまた、神社によってさまざまで制度上問題なかった。

千差万別のあり方は、朝廷の任ずる祝部にも及んだ。何より、天長二年（八二五）になるまでは、女性が祝部となることに制約を加えていなかった。組織の編成にあたり、神社の裁量はそれなりにあったことになろう。

それだけに、天長二年の命令は大きな転機だといえる。この時とった朝廷の対処は、女性神職の道を閉ざしたわけではないが、実は事実上制限を加えるものであった。その理由は、「ひとり女を祝として置き、永くそのまつりをつかさどらせている」という現状認識からうかがえる。この現状への対処が、女性を禰宜にする措置だったのだから、要は女性がまつりの中心であることを、朝廷は懸念していたのである。

前章「笏と神職」で笏の話をしながら紹介してきたように、それまでの公職的要素の強まり方からすれば、この時期すでに、神社では禰宜や祝が代表者となる道筋がはっきりと付いていた。そうした中での懸念表明である。さまざまな社会的要因を抜きにしても、天長二年は、女性神職から、男性同様の立場となる可能性が失われた年として位置づけられるのである。もっとも、この時も、貞観十年（八六八）も、表面的には朝廷は、禰宜を任ずるよう差配している。大事にしているようにも見えるが、そうした差配はあくまでも、笏を持ち得る男性神職の側の都合であった。

だからといって、神社の女性神職が消えたわけではない。後の時代になると、神社の女性神職は、神近くで奉仕する役割を持つ者の活動が目立つ。安芸国厳島《いつくしま》神社（広島県廿日市市）の内侍《ないし》のように、島での常駐を許され神近くで奉仕するだけでなく、近世には社家組織の中核を占めた例もある。いつでもどこでも、女性神職がいない、あるいは社会的影響力のない存在だったということにはならない。ただ、神社の筆頭者としての肩書きを得られるようになるのは、昭和の戦後のことである。

神社と神職にとっての転機——エピローグ

神職に訪れた変化

ここまで、古代の神社、神職のあり方を、朝廷との関係に注意しながら話を進めてきた。その過程で浮かび上がったのは、奈良時代末期から平安時代初期にかけた時代の重要性である。特に神職は大きく変化した。朝廷によって任じられた神職は、朝廷の一員としての立場が確かなものになった。ただ、多くの神職にとって、その変化はよいことだけをもたらしたのであろうか。おさらいがてら、今までの話を整理してみよう。

神宮司や神主は任期制が導入され、任用の条件として官僚的な人格まで求められた。「神社の管理ができればその内実を問われない」時代は、平安遷都後間もなくに終わったのである。

禰宜《ねぎ》や祝《はふり》はどうであろうか。まず祝部として、朝廷のまつりの幣帛《へいはく》を奉ることを厳しく求められた。そして、多くの神社では、神社の維持に対する責任を負わされた。もともと神社の維持は現場主体が基本であったのに、朝廷はわざわざそれを制度化し、一般化された社殿の放置も認めぬようにした。締め付けが強化され、窮した禰宜・祝の存在は、後に朝廷も認識するところとなった。女性神職についても、祝への道を制約されたことにより、中心的地位になる道を制約され、以後長らく遠ざけられたままとなる。

こうして見ると、それまでの神職のあり方が、大きく変わった神社があったことが浮き彫りとなる。朝廷の一員となるのと引き換えに、朝廷の定めたつとめに向き合わざるを得なくなり、結果神社の運営が難しくなった神社は少なくなかっただろう。

変化の中で神職は、朝廷の一員であるという自覚を強めたものと見られる。その結果は官僚的要素へのこだわりという形で現れた。朝廷の一員という意識がなければ、笏などは見向きもされまい。しかし、笏は神職の象徴にまでなった。まつりでは、神との好ましい関係が構築できるかどうかが肝心であって、人格がよいかどうかは二の次である。だが、理想の神職は、官僚同様の高潔さが求められる。現代の神職を特色づける要素のいくつかは、奈良時代末期から平安時代初期にかけての制度的変化と、その時起きた神職の意識改革の賜物といえる。

朝廷にとっての神社政策の転機

立場を変えて、朝廷の方からすると、この制度変化はどのような意味があったのだろうか。ひとことでいえば、律令制定後の制度的不備の穴埋めを、神職に押し付ける成果を生んだ。公職的要素を濃くしたのは、神職に務めを負わせる上で効果的であったのだろう。いずれにせよ、平安遷都前後の変化で神職の位置付けは、朝廷でも確定した。平安中期になると、朝廷は神職を「朝士」―朝廷の男性―と呼び、神社の建物の修造をさせていた（『類聚符宣抄』）。

しかし、そもそもの話として、律令の制度が機能しなければ、一部の神社がそうした道をたどったように、そのまま放置すれば済む話である。なのに朝廷はなぜ、神職を動員しても、神社を維持し、まつりを行おうとしたのだろうか。その一因を、制度変化がはじまった、奈良時代末期のまつりと神社に対する意識に求めるのは、それほど的外れでなかろう。そこで、神社への幣帛の不達と、境内整備の責任を神職に負わせはじめた、宝亀年間（七七〇～八一）の直前の状況を概観してみよう。称徳《しょうとく》天皇の在位中である。

仏道を大変崇めたと、当時から評価された（『続日本紀』）称徳天皇は、その即位のころ

図35　称徳天皇大嘗宮跡（奈良県）

には道鏡らの僧を重用するなどしていたが、こうした姿勢がまつりで問題となった。それは、天平神護元年（七六四）の大嘗祭の時のことで、出家した者をまつりに関わらせたのである。この時天皇は、詔でわざわざ事情説明をし、彼らの関与は問題がないとした（『続日本紀』）。

神たちは三宝より離して触れないものなのだと人の思いはある。しかし、経を拝見すると仏の法を守られ尊ばれるのは多くの神たちである。そういうわけで、出家した者も白い衣の者も、あい混ざってお仕えするのに、決して障ることがないと思って、元々忌んだようには忌まないで、この大嘗《おおにえ》を行う。

よく近世以前の神社は「神仏習合」の状態であったとされる。神社の境内に堂や塔が立っていたり、専従の僧侶がいたりするような現象を指す。だが、社殿と堂や塔が立っている場所とを水路などで区切ったり、神に幣帛を奉ることは神職が行ったりと、仏教に関係する事物との間に一線を引くことがしばしばあった。そうした区分けの根底には、神は仏教的要素を避けるべき存在だという認識があった。今示した詔の一文の冒頭はまさにその認識の表れである。東大寺の大仏鋳造に代表されるような、国家的に仏教の興隆を図ろうとしていた時代でも、人々の間には、日本の神が、仏教を敬遠するという考え方があったことを良く示している。仏を崇めることが神の怒りを招くという考えは、『日本書紀』に記された、仏教伝来のいきさつからでも読み取れる。

だが、称徳天皇は、神は仏教を守る――仏教を守る神を護法善神《ごほうぜんしん》という――との考え方にしたがって、従来の禁忌の条件を改めた。天皇は二度即位しており、最初の孝謙天皇として奉仕した時には、『続日本紀』に特段の記載がないので、出家した者を避ける禁忌《きんき》を守っていたのであろう。それを二度目の即位で改めたのは、仏教そのものを重視したというよりは、寵愛《ちょうあい》する道鏡のためだと了解できる。だが、そこを仏教の教説で押し切ったのである。

その道鏡だが、大嘗祭の翌年、法王という前代未聞の地位に上り詰める。さらにその後、豊前国宇佐宮の八幡神が、天皇に即位すべしとの託宣があったと報告があった。だが、自らの夢に現れた八幡神の言葉により、天皇は和気清麻呂《わけのきよまろ》を神社に遣わし、「天皇は皇族を必ず立て、道理に背いた人を排除せよ」との託宣を受けた。権勢をほしいままにしていた道鏡の怒りに触れた清麻呂は神護景雲三年（七六九）、大隅国（鹿児島県）に流されたものの、他氏族による天皇即位を阻むことはできた（『続日本紀』）。このよく知られた話は、結局は八幡神が皇位継承の道筋を付けたことを示している。この後皇位を継ぐことになった光仁《こうにん》天皇にとっては、その地位が神の意によるものだということにもなる。天皇が神に対して丁重な姿勢を取ったのは必然であろう。

実際、称徳天皇崩御から光仁天皇即位までの間の大事に際して、朝廷は神の助けでことが進んでいると認識していた。まずは、道鏡を追放する時の皇太子―即位前の光仁天皇―の命令の一節を紹介したい。

聞くところによると、道鏡法師は、ひそかに害を広げようとして、長い日が過ぎた。称徳天皇の陵の土が乾かないうちに悪だくみは発覚した。これはつまり、神祇の守るところ、社稷の助けるところである。

社稷とは、土地の神と穀物の神という意味だが、朝廷がまつる神々という意味で用いていよう。そうした意味では神祇も同じだが、この言葉と対応するのが、光仁天皇即位の時の詔である（『続日本紀』）。

さてこの皇位継承のことは、天にいらっしゃる神、地にいらっしゃる祇《かみ》の承認し助けられることによった。

天つ神である「神」、国つ神である「祇」、双方示して、それぞれの助けで即位できたことに言及している。天つ神、国つ神ともに重視すべきという考え方は、神武天皇即位直前の伝承からも分かる（『日本書紀』）。だが、即位の詔で、国つ神について言及するのは珍しい。例えば飛鳥時代の文武《もんむ》天皇の場合は、「天つ神の子ではあるが、天にいらっしゃる神の依託に従っての、この皇位の継承である」とし、天つ神のことしか言及していない（『続日本紀』）。

光仁天皇は天智天皇の孫に当たり、先代まで百年以上続いた天武天皇の男性の系譜には連ならない。そうした中、いわゆる酒浸りになり身を隠し、奈良時代中期に起きた皇族粛清―橘奈良麻呂の乱に伴う天平宝字元年（七五七）の時など―の嵐も乗り切り、六十二歳にして即位に至った。この経緯が神の力の賜物と理解され、天皇自身が、系譜上の出自である天上の世界の神だけでなく、国つ神、つまり、この世界の神にまで謝意を持ったとしても何の不思議もない。

朝廷のまつりの対象となる神社の神々は「天神地祇《てんじんちぎ》」に他ならない。そのまつりの場である神社を大事にするに至った背景には、天皇の即位までの境遇が大きな影響を及ぼしていたに違いない。先代のまつりに対する姿勢も見直したことであろう。だが、朝廷の制度の基本となる律令では、神社のまつりや環境整備を手厚くする仕組みは用意していなかった。宝亀年間に起きた大きな変化は、本来朝廷が行うべき神社の職掌を、神職に任せればよいという方向性が定まった結果といって差し支えなかろう。

神社の共通性

よく、神道の成立の時期について取り沙汰されることがある。本書で注目した奈良時代末期から平安時代初期にかけた時代は、高取正男氏によって神道の成立期とされている。そもそもの話をすれば、前提となる宗教の定義が多様にできるため、「いつから神道があるか」という問いにこだわる必要はないと著者は考える。ただ、この時代に、神職制度を朝廷が整備したことで、各地の神社に多くの共通性が生まれたのは事実である。現代、神社が一体であるように見える一因といってもよいだろう。

しかし、核心というべき神社のまつりについては、この時代であっても、自身が行うもの以外、朝廷は積極的に改めなかった。地域に根差した神に、それぞれの神職が個々に向き合うという在り方は変わらなかったのである。

あとがき

神社の様子はそれぞれ個性がある。町場にも自然に抱かれた静寂なところにも神社は鎮座している。まつりの目的や日取りも細かく見れば違う。何より独立採算の経営である。だが、それら神社がひとまとまりとして見られる。そう受け止められるきっかけを探るために本書を書いた。

着目したのは、一元的な神社制度がまとまった形で整備されはじめたのはいつかというところである。古代のこうした制度としては、官社制度がよく引き合いに出される。ただ、これはまつりの制度で、すべての神社を対象とはしない。そこで、神職制度に焦点を絞って、少し広めに神社を見ることとした。

奈良時代末期から平安時代前期、特に平安時代初期の制度整備は、神社の公的性格を高める、あるいは、独立採算のしくみを確かにするといったもので、現代の神社の特色にも通ずる。したがって、書名は『古代の神社と神職』だが、どちらかといえば神社が主である。ただ、当時の朝廷が着目していた神職の実態は欠くことのできない主題ではある。

神社と神職に話の対象を絞っているので、見るべき史料も神社のものを基本とした。神と人との関係一般まで史料の対象を広げれば、もう少し違った内容になるかもしれないが、神社に関係するかどうかに十分留意した結果である。神を慮る、あるいは、神の領域を重視するといった古代の人々の意識は、そうした中で導き出された結果でもある。後者の意識は、自然環境との関係性など、現代の神社の実態を考える上で、それなりに重要なものとなろう。

史料の解釈はなるだけ穏当に行ったが、読み方によっては違う考えが成り立つ場合もあろう。また、参考文献としてあげたか否かにかかわらず、この時代を対象とした神社研究はさまざまあることは承知している。今後、自らも本書を見直しながら、さらなる研鑽を深めたい。

本書は『平安時代の神社と神職』などにまとめた、これまでの自身の研究に基づく。ただ、本書執筆の過程では、その前提となる事実の説明に苦心し、脱稿までに長い時間を費やしてしまい、さまざまな方面にご迷惑をおかけした。この場を借りてお詫び申し上げるとともに、執筆をお誘いいただいた吉川弘文館、なかでも編集にご尽力いただいた並木隆氏に御礼申し上げたい。

平成三十年三月

加瀬直弥

参考文献

青木紀元『祝詞全評釈　延喜式祝詞　中臣寿詞』右文書院、平成十二年（二〇〇〇）

岡田莊司編『古代諸国神社神階制の研究』岩田書院、平成十四年（二〇〇二）

加瀬直弥『平安時代の神社と神職』吉川弘文館、平成二十七年（二〇一五）

坂江　渉「播磨国風土記の民間神話からみた地域祭祀の諸相」武田佐知子編『交錯する知―衣装・信仰・女性』思文閣出版、平成二十六年（二〇一四）

笹生　衛『神と死者の考古学』吉川弘文館、平成二十八年（二〇一六）

志田諄一『『常陸国風土記』と説話の研究』雄山閣出版、平成十年（一九九八）

高取正男『神道の成立』平凡社、昭和五十四年（一九七九）

西宮秀紀『律令国家と神祇祭祀制度の研究』塙書房、平成十六年（二〇〇四）

野村忠夫『律令官人制の研究増訂版』吉川弘文館、昭和四十五年（一九七〇）

藤森　馨『古代の天皇祭祀と神宮祭祀』吉川弘文館、平成二十九年（二〇一七）

宮地直一『神祇史』皇典講究所國學院大學出版部、明治四十三年（一九一〇）

山上伊豆母『巫女の歴史』新装増補版、雄山閣出版、平成八年（一九九六）

吉川敏子「越中　b　越中国射水郡東大寺領荘園図　須加（村）・鳴戸（村）・榠田・鹿田村」金田章裕他編『日本古代荘園図』東京大学出版会、平成八年（一九九六）

著者紹介

一九七五年、神奈川県に生まれる

二〇〇三年、國學院大學大学院文学研究科博士課程後期単位取得退学

現在、國學院大學神道文化学部准教授、博士（神道学）

主要著書

『平安時代の神社と神職』（吉川弘文館、二〇一五年）

『古代諸国神社神階制の研究』（共著、岩田書院、二〇〇二年）

『日本神道史』（共著、吉川弘文館、二〇一〇年）

歴史文化ライブラリー
467

古代の神社と神職
神をまつる人びと

二〇一八年（平成三十）六月一日　第一刷発行

著　者　加《か》瀬《せ》直《なお》弥《や》

発行者　吉川道郎

発行所　株式会社 吉川弘文館

東京都文京区本郷七丁目二番八号

郵便番号一一三―〇〇三三

電話〇三―三八一三―九一五一〈代表〉

振替口座〇〇一〇〇―五―二四四

http://www.yoshikawa-k.co.jp/

印刷＝株式会社 平文社

製本＝ナショナル製本協同組合

装幀＝清水良洋・陳湘婷

ISBN978-4-642-05867-4

歴史文化ライブラリー

1996. 10

刊行のことば

現今の日本および国際社会は、さまざまな面で大変動の時代を迎えておりますが、近づきつつある二十一世紀は人類史の到達点として、物質的な繁栄のみならず文化や自然・社会環境を謳歌できる平和な社会でなければなりません。しかしながら高度成長・技術革新にともなう急激な変貌は「自己本位な刹那主義」の風潮を生みだし、先人が築いてきた歴史や文化に学ぶ余裕もなく、いまだ明るい人類の将来が展望できていないようにも見えます。このような状況を踏まえ、よりよい二十一世紀社会を築くために、人類誕生から現在に至る「人類の遺産・教訓」としてのあらゆる分野の歴史と文化を「歴史文化ライブラリー」として刊行することといたしました。

小社は、安政四年（一八五七）の創業以来、一貫して歴史学を中心とした専門出版社として書籍を刊行しつづけてまいりました。その経験を生かし、学問成果にもとづいた本叢書を刊行し社会的要請に応えて行きたいと考えております。

現代は、マスメディアが発達した高度情報化社会といわれますが、私どもはあくまでも活字を主体とした出版こそ、ものの本質を考える基礎と信じ、本叢書をとおして社会に訴えてまいりたいと思います。これから生まれでる一冊一冊が、それぞれの読者を知的冒険の旅へと誘い、希望に満ちた人類の未来を構築する糧となれば幸いです。

吉川弘文館

歴史文化ライブラリー

古代史

歴史文化ライブラリー

歴史文化ライブラリー

中世武士の城——齋藤慎一
武田信玄——平山　優
歴史の旅　武田信玄を歩く——秋山　敬
戦国大名の兵粮事情——久保健一郎
戦乱の中の情報伝達 使者がつなぐ中世京都と在地——酒井紀美
戦国時代の足利将軍——山田康弘
名前と権力の中世史 室町将軍の朝廷戦略——水野智之
戦国貴族の生き残り戦略——岡野友彦
鉄砲と戦国合戦——宇田川武久
検証　長篠合戦——平山　優
織田信長と戦国の村 天下統一のための近江支配——深谷幸治
よみがえる安土城——木戸雅寿
検証　本能寺の変——谷口克広
加藤清正 朝鮮侵略の実像——北島万次
落日の豊臣政権 秀吉の憂鬱、不穏な京都——河内将芳
豊臣秀頼——福田千鶴
偽りの外交使節 室町時代の日朝関係——橋本　雄
朝鮮人のみた中世日本——関　周一
ザビエルの同伴者　アンジロー 戦国時代の国際人——岸野　久
海賊たちの中世——金谷匡人
アジアのなかの戦国大名 西国の群雄と経営戦略——鹿毛敏夫
琉球王国と戦国大名 島津侵入までの半世紀——黒嶋　敏
天下統一とシルバーラッシュ 銀と戦国の流通革命——本多博之

近世史

江戸の政権交代と武家屋敷——岩本　馨
江戸の町奉行——南　和男
江戸御留守居役 近世の外交官——笠谷和比古
検証　島原天草一揆——大橋幸泰
大名行列を解剖する 江戸の人材派遣——根岸茂夫
江戸大名の本家と分家——野口朋隆
赤穂浪士の実像——谷口眞子
〈甲賀忍者〉の実像——藤田和敏
江戸の武家名鑑 武鑑と出版競争——藤實久美子
江戸の出版統制 弾圧に翻弄された戯作者たち——佐藤至子
武士という身分 城下町萩の大名家臣団——森下　徹
旗本・御家人の就職事情——山本英貴
武士の奉公　本音と建前 江戸時代の出世と処世術——高野信治
宮中のシェフ、鶴をさばく 江戸時代の朝廷と庖丁道——西村慎太郎
馬と人の江戸時代——兼平賢治
犬と鷹の江戸時代 〈犬公方〉綱吉と〈鷹将軍〉吉宗——根崎光男
紀州藩主　徳川吉宗 明君伝説・宝永地震・隠密御用——藤本清二郎
近世の巨大地震——矢田俊文

歴史文化ライブラリー

江戸時代の孝行者「孝義録」の世界——菅野則子
死者のはたらきと江戸時代 遺訓・家訓・辞世——深谷克己
近世の百姓世界——白川部達夫
闘いを記憶する百姓たち 江戸時代の裁判学習帳——八鍬友広
江戸の寺社めぐり 鎌倉・江ノ島・お伊勢さん——原 淳一郎
江戸のパスポート 旅の不安はどう解消されたか——柴田 純
〈身売り〉の日本史 人身売買から年季奉公へ——下重 清
江戸の捨て子たち その肖像——沢山美果子
江戸の乳と子ども いのちをつなぐ——沢山美果子
歴史人口学で読む江戸日本——浜野 潔
それでも江戸は鎖国だったのか オランダ宿 日本橋長崎屋——片桐一男
エトロフ島 つくられた国境——菊池勇夫
江戸時代の医師修業 学問・学統・遊学——海原 亮
江戸の流行り病 麻疹騒動はなぜ起こったのか——鈴木則子
江戸幕府の日本地図 国絵図・城絵図・日本図——川村博忠
都市図の系譜と江戸——小澤 弘
江戸の地図屋さん 販売競争の舞台裏——俵 元昭
墓石が語る江戸時代 大名・庶民の墓事情——関根達人
近世の仏教 華ひらく思想と文化——末木文美士
江戸時代の遊行聖——圭室文雄
松陰の本棚 幕末志士たちの読書ネットワーク——桐原健真
龍馬暗殺——桐野作人
幕末の世直し 万人の戦争状態——須田 努
幕末の海防戦略 異国船を隔離せよ——上白石 実
幕末の海軍 明治維新への航跡——神谷大介
江戸の海外情報ネットワーク——岩下哲典
黒船がやってきた 幕末の情報ネットワーク——岩田みゆき
幕末日本と対外戦争の危機 下関戦争の舞台裏——保谷 徹

近・現代史

五稜郭の戦い 蝦夷地の終焉——菊池勇夫
幕末明治 横浜写真館物語——斎藤多喜夫
水戸学と明治維新——吉田俊純
大久保利通と明治維新——佐々木 克
旧幕臣の明治維新 沼津兵学校とその群像——樋口雄彦
維新政府の密偵たち 御庭番と警察のあいだ——大日方純夫
京都に残った公家たち 華族の近代——刑部芳則
文明開化 失われた風俗——百瀬 響
西南戦争 戦争の大義と動員される民衆——猪飼隆明
大久保利通と東アジア 国家構想と外交戦略——勝田政治
明治の政治家と信仰 クリスチャン民権家の肖像——小川原正道
文明開化と差別——今西 一
アマテラスと天皇 〈政治シンボル〉の近代史——千葉 慶

歴史文化ライブラリー

大元帥と皇族軍人 明治編——小田部雄次
明治の皇室建築 国家が求めた〈和風〉像——小沢朝江
皇居の近現代史 開かれた皇室像の誕生——河西秀哉
明治神宮の出現——山口輝臣
神都物語 伊勢神宮の近現代史——ジョン・ブリーン
日清・日露戦争と写真報道 戦場を駆ける写真師たち——井上祐子
博覧会と明治の日本——國 雄行
公園の誕生——小野良平
啄木短歌に時代を読む——近藤典彦
鉄道忌避伝説の謎 汽車が来た町、来なかった町——青木栄一
軍隊を誘致せよ 陸海軍と都市形成——松下孝昭
家庭料理の近代——江原絢子
お米と食の近代史——大豆生田 稔
日本酒の近現代史 酒造地の誕生——鈴木芳行
失業と救済の近代史——加瀬和俊
近代日本の就職難物語 「高等遊民」になるけれど——町田祐一
選挙違反の歴史 ウラからみた日本の一〇〇年——季武嘉也
海外観光旅行の誕生——有山輝雄
関東大震災と戒厳令——松尾章一
激動昭和と浜口雄幸——川田 稔
昭和天皇とスポーツ 〈玉体〉の近代史——坂上康博

昭和天皇側近たちの戦争——茶谷誠一
大元帥と皇族軍人 大正・昭和編——小田部雄次
海軍将校たちの太平洋戦争——手嶋泰伸
植民地建築紀行 満洲・朝鮮・台湾を歩く——西澤泰彦
稲の大東亜共栄圏 帝国日本の〈緑の革命〉——藤原辰史
地図から消えた島々 幻の日本領と南洋探検家たち——長谷川亮一
日中戦争と汪兆銘《おうちょうめい》——小林英夫
自由主義は戦争を止められるのか 芦田均・清沢洌・石橋湛山——上田美和
モダン・ライフと戦争 スクリーンのなかの女性たち——宜野座菜央見
彫刻と戦争の近代——平瀬礼太
軍用機の誕生 日本軍の航空戦略と技術開発——水沢 光
首都防空網と〈空都〉多摩——鈴木芳行
帝都防衛 戦争・災害・テロ——土田宏成
陸軍登戸研究所と謀略戦 科学者たちの戦争——渡辺賢二
帝国日本の技術者たち——沢井 実
〈いのち〉をめぐる近代史 堕胎から人工妊娠中絶へ——岩田重則
強制された健康 日本ファシズム下の生命と身体——藤野 豊
戦争とハンセン病——藤野 豊
「自由の国」の報道統制 大戦下の日系ジャーナリズム——水野剛也
敵国人抑留 戦時下の外国民間人——小宮まゆみ
銃後の社会史 戦死者と遺族——一ノ瀬俊也

歴史文化ライブラリー

海外戦没者の戦後史 遺骨帰還と慰霊――浜井和史
学徒出陣 戦争と青春――蜷川壽惠
〈近代沖縄〉の知識人 島袋全発の軌跡――屋嘉比 収
沖縄戦 強制された「集団自決」――林 博史
陸軍中野学校と沖縄戦 知られざる少年兵「護郷隊」――川満 彰
沖縄からの本土爆撃 米軍出撃基地の誕生――林 博史
原爆ドーム 物産陳列館から広島平和記念碑へ――頴原澄子
戦後政治と自衛隊――佐道明広
米軍基地の歴史 世界ネットワークの形成と展開――林 博史
沖縄 占領下を生き抜く 軍用地・通貨・毒ガス――川平成雄
昭和天皇退位論のゆくえ――冨永 望
ふたつの憲法と日本人 戦前・戦後の憲法観――川口暁弘
団塊世代の同時代史――天沼 香
鯨を生きる 鯨人の個人史・鯨食の同時代史――赤嶺 淳
丸山真男の思想史学――板垣哲夫
文化財報道と新聞記者――中村俊介

文化史・誌

落書きに歴史をよむ――三上喜孝
霊場の思想――佐藤弘夫
跋扈《ばっこ》する怨霊 祟りと鎮魂の日本史――山田雄司
将門伝説の歴史――樋口州男
藤原鎌足、時空をかける 変身と再生の日本史――黒田 智
変貌する清盛 『平家物語』を書きかえる――樋口大祐
鎌倉 古寺を歩く 宗教都市の風景――松尾剛次
空海の文字とことば――岸田知子
鎌倉大仏の謎――塩澤寛樹
日本禅宗の伝説と歴史――中尾良信
水墨画にあそぶ 禅僧たちの風雅――高橋範子
観音浄土に船出した人びと 熊野と補陀落渡海――根井 浄
殺生と往生のあいだ 中世仏教と民衆生活――苅米一志
浦島太郎の日本史――三舟隆之
〈ものまね〉の歴史 仏教・笑い・芸能――石井公成
戒名のはなし――藤井正雄
墓と葬送のゆくえ――森 謙二
仏画の見かた 描かれた仏たち――中野照男
運 慶 その人と芸術――副島弘道
ほとけを造った人びと 止利仏師から運慶・快慶まで――根立研介
〈日本美術〉の発見 岡倉天心がめざしたもの――吉田千鶴子
祇園祭 祝祭の京都――川嶋將生
洛中洛外図屛風 つくられた〈京都〉を読み解く――小島道裕
時代劇と風俗考証 やさしい有職故実入門――二木謙一
化粧の日本史 美意識の移りかわり――山村博美

歴史文化ライブラリー

乱舞の中世 白拍子・乱拍子・猿楽——沖本幸子
神社の本殿 建築にみる神の空間——三浦正幸
古建築修復に生きる 屋根職人の世界——原田多加司
古建築を復元する 過去と現在の架け橋——海野 聡
大工道具の文明史 日本・中国・ヨーロッパの建築技術——渡邉 晶
苗字と名前の歴史——坂田 聡
日本人の姓・苗字・名前 人名に刻まれた歴史——大藤 修
数え方の日本史——三保忠夫
大相撲行司の世界——根間弘海
日本料理の歴史——熊倉功夫
吉兆 湯木貞一 料理の道——末廣幸代
日本の味 醤油の歴史——林 玲子・天野雅敏 編
中世の喫茶文化 儀礼の茶から「茶の湯」へ——橋本素子
天皇の音楽史 古代・中世の帝王学——豊永聡美
流行歌の誕生 「カチューシャの唄」とその時代——永嶺重敏
話し言葉の日本史——野村剛史
「国語」という呪縛 国語から日本語へ、そして〇〇語へ——川口 良・角田史幸
柳宗悦と民藝の現在——松井 健
遊牧という文化 移動の生活戦略——松井 健
マザーグースと日本人——鷲津名都江
金属が語る日本史 銭貨・日本刀・鉄炮——齋藤 努
書物に魅せられた英国人 フランク・ホーレーと日本文化——横山 學
災害復興の日本史——安田政彦

民俗学・人類学

日本人の誕生 人類はるかなる旅——埴原和郎
倭人への道 人骨の謎を追って——中橋孝博
神々の原像 祭祀の小宇宙——新谷尚紀
女人禁制——鈴木正崇
役行者と修験道の歴史——宮家 準
鬼の復権——萩原秀三郎
幽霊 近世都市が生み出した化物——髙岡弘幸
雑穀を旅する——増田昭子
川は誰のものか 人と環境の民俗学——菅 豊
名づけの民俗学 地名・人名はどう命名されてきたか——田中宣一
番と衆 日本社会の東と西——福田アジオ
記憶すること・記録すること 聞き書き論ノート——香月洋一郎
番茶と日本人——中村羊一郎
踊りの宇宙 日本の民族芸能——三隅治雄
柳田国男 その生涯と思想——川田 稔
海のモンゴロイド ポリネシア人の祖先をもとめて——片山一道

世界史

中国古代の貨幣 お金をめぐる人びとと暮らし——柿沼陽平